Love in Germany

in Germany

*Deutsche Paare im
Gespräch mit*
Doris Dörrie

*Unter Mitarbeit von
Volker Wach*

Diogenes

Das vorliegende Buch, entstanden unter Mitarbeit
von Volker Wach, ist Teil eines Fernsehfilms
von Doris Dörrie, gedreht im Rahmen
eines europäischen Filmzyklus.
Das Umschlagfoto wurde mit freundlicher
Genehmigung einem Katalog der
Firma Möbel Pfister, Suhr, entnommen.

*Meinen Dank an alle, die mir so mutig und
ehrlich über sich berichtet haben
und an meine geduldigen Mitarbeiter,
Heike, Volker, Kay, Thomas I und
Thomas II, Raimund, Renate und Gerd.*

Inhalt

Ich kauf mir
nichts Bessres ein als
wie meinen Mann

Ottilie
Hausfrau, fünf Kinder

Rudolph
Forstgehilfe

Doris: Wie haben Sie sich denn kennengelernt?

Ottilie: Eine Freundin hat mich abgeholt, dann sind wir zusammen aufs Volksfest gegangen. Dann sieht sie auf einmal den Rudi und sagt: Jetzt haben wir jemand, der mit uns schaukelt. Dann ist sie gleich zu ihm gegangen und hat gesagt: Du, Rudi, magst mit uns schaukeln? »Ja, freilich« – dann haben die zwei miteinander geschaukelt. Dann hat er – das hat mir die Inge nachher gesagt – gefragt: Meinst, daß deine Freundin auch schaukeln mag? »Ja, freilich«, Sie, und dann bin ich in die Schaukel rein und den ganzen Tag nicht mehr rausgekommen.

Doris: Was hat Ihnen an Ihrer Frau gefallen damals?

Rudolph: Daß sie gern schaukeln mag, schaukeln, spazierengehen ... ja mei, die Zärtlichkeit.

Ottilie: Uuuuuuh, ja mei!

Rudolph: Da war sie auch schon ein bisserl, nein, nicht so stark mollig gewesen, aber – mei – hab ich mir gedacht: Die ist mir sympathisch. Na ja, und dann hab ich ein bisserl angebandelt, auf deutsch gesagt.

Ottilie: Ja ..., ja mir hat er gar nicht einmal so gefallen, weil er so mager gewesen ist. Wissen's, der war so spitzig im Ge-

9

sicht. Mir hat er gar nicht so gefallen, aber sein Reden dann und alles – so sympathisch. Und er war ein ruhiger Kerl. Und ich immer so aufbrausend. Mei, hab ich mir gedacht, also ich weiß nicht... soll ich bei ihm bleiben oder nicht? Aber das hat sich dann so ergeben. Wir haben uns so stark gern gehabt dann, und ich bereue es heute noch nicht.

Daheim war's dann schlimm: Ich hab ja zu ihm gesagt, er soll mich nicht heimfahren, weil wenn mich die Mama sieht, dann gibt's ein Donnerwetter. Und wie's der Teufel so haben wollte, schaut die Mama zum Fenster raus und sieht, wie ich hinten bei ihm auf dem Motorrad sitz.

Dann hat's runtergeschrien: Du, wenn du mir heim-kommst!

Ja, und dann ist er so anständig gewesen und bis in die Haustüre mitgekommen, die Mama kam dann raus: Was ist denn das für ein Kunt oder Kant? Da war ich 15 oder 16 Jahre.

Rudolph: Ich war 18 Jahre, ich bin ja schon Motorrad gefahren.

Ottilie: Mit den Eltern konnte man früher nicht so reden, das war früher nicht so.

Doris: Wie konnten Sie sich denn da überhaupt noch treffen?

Ottilie: Donnerwetter hat's immer gegeben. Immer Don-nerwetter.

Rudolph: Zwei Jahre sind wir schon miteinander gegan-gen. Dann hammer geheiratet, und 54/55 im Januar, ist der Sohn auf die Welt gekommen.

Doris: Sie wollten immer heiraten und Kinder haben, oder was war so Ihre Vorstellung?

Ottilie: Ja mei, könnt ich nicht einmal sagen, ich wollte – das könnte ich nicht einmal sagen. Bei uns daheim war es auch so ... so klein und sieben Kinder. Ich hab geschaut, daß ich von daheim wegkomme, daß es einmal besser ist.

Rudolph: Ja, daß praktisch die Familie kleiner wird.

Ottilie: Ja und schauen Sie: wir sind zu zweit in einem Bett gelegen, ich und meine Schwester, und wir haben zwei Räume gehabt mit zwei Kindern. Der Papa ist auch noch hinten gelegen bei uns, und feucht ist es gewesen, mei, des war ja furchtbar.

Rudolph: Es ist ein altes Haus gewesen.

Ottilie: Und da schaut man dann, daß man – ich bin dann schwanger geworden vom Buben, dann hab ich mir gesagt, weil die Mama gleich gesagt hat, wie ich den kennengelernt hab: Das sag ich dir fei gleich: bei dem bleibst du. Das gibt's fei nicht, daß es den und den und den – und wir haben dann schon gehorcht, der Mama, und wir haben dann geheiratet, und dann ist der Bub gekommen.

Doris: Sie waren die ganze Zeit so verliebt, daß es klar war, daß Sie ...?

Ottilie: Uns hat des net pressiert, des andere da, mir san ja so erzogen worn.

Rudolph: Wir haben uns ja gar nicht getraut, auf deutsch gesagt.

Ottilie: Das andere (meint »Sex«) haben wir ja gar nicht gekannt. Das hat vielleicht der Doktor gekannt, aber wir nicht. Man ist mit nix zu den Eltern gekommen. Wir haben so ein Schamgefühl gehabt.

Doris: Woher haben Sie denn überhaupt gewußt, wie das so ist mit der Liebe?

Ottilie: Selber beigebracht.

Rudolph: Selber, praktisch . . .

Ottilie: Ist eh das Gescheiteste. Weil, du hast von da was gehört und von da, und jeder sagt etwas anderes. Wir haben selber darauf hingearbeitet.

Doris: Glauben Sie, daß Kinder dazugehören zu einer Ehe?

Ottilie: Ja unbedingt!

Rudolph: Ja, das braucht's schon.

Ottilie: Schon. Mein Mann war ja bei vier Kindern dabei, bei der Entbindung.

Doris: Muß man in der Ehe treu sein?

Ottilie: Ja, unbedingt nicht mehr, ich weiß nicht.

Schön ist es schon, wenn man treu ist, wie wir es früher . . . also ich hab meinen Mann nicht irgendwie mit irgendeinem anderen . . . das hat's gar nicht gegeben gehabt bei uns.

Wenn es da einmal . . . da kriegt die Ehe einen Knacks. Den kriegt sie, das garantier ich dir. Die Ehe kriegt einen Knacks. Aber – die kann sich wieder erholen und kann sich nicht wieder erholen. Man muß wieder dran arbeiten an der Ehe.

Auf jeden Fall nicht allerweil dis . . ., disku . . ., immer daran denken, und was man so begangen hat und so, das muß wieder vergessen sein. Verstehen Sie? Einfach weg von deinem Sinn.

Rudolph: Ja, ein bißchen eine Krise ist immer drin, praktisch.

Ottilie: Mein Mann hat dann eine Freundin da gehabt und – war mir auch wurscht, gell – und ich hab mir gedacht: Was du kannst . . ., kannst du dich daheim auch um einen Freund umschauen. Und wir haben uns ganz gern gemocht.

Ottilie: Das hat ein paar Jahre gedauert, bis ich von seiner Freundin erfahren hab.

Rudolph: Na, das brauchst du nicht sagen . . .

Ottilie: Ach, durch die Ratscherei höchstens . . . Aber ich möcht da gar kein Wort nimmer verlieren, weil das hilft nicht. – Ich weiß es von einem Arzt, der hat gesagt: Es gibt keinen treuen Mann! Da hab ich mir gedacht, wenn du das sagst, dann muß es ja wirklich stimmen.

Doris: Hat Sie das nicht sehr verletzt?

Ottilie: Am Anfang ja, freilich! Weil ich so treu war. Ich war ja so treu . . . Aber heut glaub ich, das muß eine jede Ehe einmal mitmachen. Glauben Sie mir das, Frau Dörrie, das macht eine jede Ehe einmal mit, und dann weißt du, wer der Stärkere ist. Wir zwei sind die Stärkeren. Wir sind nicht auseinandergegangen.

Doris: Wissen Sie noch, warum Sie damals ein Verhältnis zu der anderen Frau angefangen haben?

Rudolph: Ja, ich hab praktisch dieser Frau immer Holz gemacht, nicht? Das ist eine Frau gewesen, der der Mann gestorben ist, und die ist allein gewesen, und dann hab ich immer Holz gemacht, weil, hab ich gedacht, warum auch nicht, nicht? Na ja, und ein bisserl ein Geld ist es auch gewesen. Die hat eine schöne Rente gehabt und hat mich immer gut gezahlt, nicht? Hab ich mir gedacht, warum soll ich denn das nicht machen, nicht? Mei, und sie hat also ein bisserl – eine Liebe hätte sie gebraucht, auf deutsch gesagt, aber ich hab mich praktisch nicht so hergegeben, wie sie gewollt hat. Mei . . .

Doris: Und haben Sie überlegt, ob das Ihre Frau verletzt oder was dann passiert, wenn das rauskommt?

Ottilie: Nein, ich glaub nicht! Also ich hab mir nichts mehr überlegt, weil ich gedacht hab, was du kannst, kann ich schon lang. Ich bin zu nachsichtig – das war meine Revanche. Der hat gemeint, ich krieg keinen mehr, und da hat er sich getäuscht.

Doris: Und wie haben Sie den kennengelernt?

Ottilie: Den? Der ist allerweil vorbeigefahren und hat mir gewunken und gehupt und hat so reingeschaut – immer langsamer ist er geworden, und dann hat er mich halt einmal angesprochen: er möcht sich mit mir treffen – das hat vier Jahre gedauert mit dem, was er um mich gekämpft hat. Vier Jahre. Und dann hab ich ihm einmal zugesagt, hab mich mit ihm getroffen, weil mir das wurscht war von meinem Mann, und dann war's eine Liebe zwei Jahre, und dann bin ich weggegangen, wollt ich nicht mehr.

Der wollte, daß ich zu ihm ziehe. Und das hab ich sowieso nicht gemacht, weil, ich laß doch meine Kinder nicht im Stich. Auf gar keinen Fall! Und wegen einem Mann überhaupt nicht.

Denselben könnt ich heute haben, der ist geschieden. Der hätte mich gleich mitgenommen, sofort. Der möchte mich auch heute wieder.

Doris: Damals mußten Sie sich immer heimlich treffen?

Ottilie: Ja freilich, das ist ja das Schönste gewesen dran.

Doris: Wie kam denn das, daß Sie am Ende dieser beiden Affären oder Freundschaften wieder zueinander gefunden haben?

Ottilie: Daß die Leute nichts zum Reden haben und wegen

der Kinder und, Frau Dörrie, ich geb Ihnen das selber einmal mit im Leben, Sie sind auch verheiratet, wie ich: und ich glaub, das festigt erst die Ehe, wenn man etwas mitmacht. Verstehst das? Solange es dir alles um den Mund geschmiert wird, ist die Ehe noch nicht o.k. Aber das muß eine Ehe mitmachen, dann weiß man, daß man wirklich zusammengehört.

Mein Mann hätte sogar auch weggehen können von mir, so wie ich, gell? Aber für mich ist der Mann doch wichtiger gewesen als wie der andere. Für mich war einfach der Mann der Mann, weil Kinder auch da sind.

Doris: Aber es tut schrecklich weh, oder?

Ottilie: Narrisch weh.

Rudolph: Jaaah...

Ottilie: Mir hat das narrisch weh getan.

Rudolph: Genauso. Mei, ich sag: Das ist ja praktisch, keine Liebe ist das ja gar nicht gewesen, auf deutsch gesagt – von mir nicht.

Ottilie: Aber von mir schon.

Rudolph: Weil das praktisch...

Ottilie: Bei mir schon.

Rudolph: ...eine alte Frau gewesen ist. Die ist ja schon über 65, über 65 ist die schon gewesen, nicht? Sie hätte da Liebe gesucht, auf deutsch gesagt, nicht? Weil da praktisch von ihrem früheren Mann hat die keine Liebe gekriegt, weil der gern getrunken hat.

Doris: Was haben Sie an ihr gefunden?

Rudolph: Mei – Nächstenliebe, auf deutsch gesagt.

Ottilie: Ja mei! Ich hab da keine Nächstenliebe gefunden!

Rudolph: Warum? Meinst, ich hab wegen der Liebe das gemacht? Hauptsächlich wegen dem Geld, weil ich ein bisserl
ein Taschengeld ... weil die nicht kleinlich gewesen ist. Die
hat mir oft einen 50er gegeben, wo's praktisch – ich hab
praktisch einen 10er verlangt, aber die hat gleich gesagt,
nein, das mag ich nicht, Hauptsache ...

Ottilie: Sie hat halt gedacht, mit Geld kriegt sie einen ...

Rudolph: ... Hauptsache, daß du mir das wieder machst.

Ottilie: Ich hab mir das nicht gekauft. Der hat mir kein
Geld nicht geben brauchen.

Rudolph: – einmal Kalbfleisch –

Ottilie: Nein, der hat mir kein Geld nicht geben brauchen.
Das war eine wirkliche Liebe, wirklich wahr.

Rudolph: Na, na.

Ottilie: Wenn wir uns getroffen haben am Anfang, dann
hat es zuerst das gegeben: Ottilie, wie geht's dir denn? Er-
zähl mir ein wenig und so. Der hat mich angehört. Verstehst
das? Wir haben uns so Ratschläge gegeben also, der war
schon nett. Das hat mir ganz gut getan damals, gell. Wenn
man sich hat aussprechen können und so.

Doris: Konnten Sie das mit Ihrem Mann gar nicht mehr?

Ottilie: Nein, nicht so.

Rudolph: Da hat sie sich wahrscheinlich nicht getraut.

Ottilie: Ja, das kann auch sein.

Doris: Sind Sie gar nicht eifersüchtig?

Rudolph: Nein, ich nicht, wirklich nicht. Ich mag sie gern,
meine Frau, wirklich, da müßte ich lügen, aber ich sag allerweil: Ich mag mein Weib gern, aber wenn's ein anderer lieber hat, dann soll er's auch nehmen. Das ist ein altes Sprich-
wort. Na, da kann ich nichts machen dann, nicht?

Ottilie: Nein, Frau Doris, Frau Doris, ich sag dir: das einzige, das war von mir nur die Panik! Das war nur eine Panik von mir, daß ich mir den gesucht hab. Ja. Weil mein Mann gesagt hat, er möchte von mir weggehen.

Rudolph: Na, ich hab's aus Gaudi gesagt, nicht?

Ottilie: Na, aber was man da anrichten kann. Das täte ich nie zu einem Mann sagen. Ich sag zu meinem Mann: Ich laß mich scheiden, wenn es wirklich ist. Dann sag ich's. Aber nicht aus Gaudi. Da bin ich vielleicht dann in die Panik gekommen, mit fünf Kindern da.

Rudolph: Ich hab's oft aus Gaudi gesagt, wenn sie's praktisch als Ernst auffaßt, dann kann ich auch nichts machen, weil ich bin halt gern ein Spaßvogel. Nicht? Wenn heute jemand etwas sagt, mei, das geht da rein und da raus.

Ottilie: Jetzt ist nichts mehr verloren. Wir haben das geschafft, und mein Mann weiß, wenn er's nicht ist, ist es der nächste.

Rudolph: Ahaa...

Doris: Muß man die Männer ein bißchen eifersüchtig machen?

Ottilie: Ach, die sollen es nur werden, die sollen es nur werden.

Doris: Glauben Sie ihm das, daß er gar nicht eifersüchtig war, als Sie damals...

Ottilie: Geh, der ist doch eifersüchtig! Und allerweil wieder fängt er an: ja, ja der Eddi, jaja, der Eddi, das ist doch eh schon ein Zeichen. Der gibt's bloß nicht zu.

Rudolph: Normal ist das Wachsamkeit jetzt...

Ottilie: Ich muß dann oft sagen: Rudi, jetzt sei endlich einmal still, ich will nichts mehr hören, was war, ist jetzt

17

vorbei. Nehmen wir einfach an, er wäre weggegangen, und der andere wäre ganz genau auch wieder so, so wie mein Mann – was hab ich dann gewonnen? Nichts! Die zweite Aufregung wär da. Wenn der auch eine andere hat? Nein, dann bleib ich bei meinem Mann, und aus ist es. Dann haben wir uns einen Haufen Geld auch noch gespart, für die Scheidung, und die Kinder haben ihren Vater und ihre Mutter – und eine jede Ehe muß das mitmachen, garantier ich euch.

Und ich möchte auch das von meinem Mann haben: daß er nicht allerweil da anfängt, wo ich gegangen bin. Was vorbei ist, ist vorbei. Er hat Fehler gemacht, ich hab Fehler gemacht, und das soll wieder so sein wie es war. Und ich glaub, wir sind da jetzt erst richtig reif geworden. Und jetzt wissen wir, daß wir beieinander gehören.

Rudolph: Jetzt haben wir uns ein neues Schlafzimmer gekauft, jetzt ist es wieder, als wären wir das erste Jahr verheiratet.

Ottilie: Ja freilich, ein neues, ja ja.

Rudolph: Jetzt kommen die Flitterwochen erst wieder.

Ottilie: Ja, ja, das wär schön! Ich sag Ihnen etwas: Ich hab ihm alles verziehen. Ich hab einen braven Mann und einen guten Mann. Es gibt Männer, die haben Frauen und die trinken und dreschen ihre Frauen. Ich hab einen Mann, der hat einmal einen Fehler gemacht. Ich hab's gut. Er tut mir den Garten herrichten, er tut den Mülleimer runter, alles macht er mir.

Rudolph: Mei, ich darf ja alles.

Ottilie: Was wollen wir denn, wir Frauen, noch mehr? Was wollen wir denn, wenn ein Mensch so ist? Wenn du denkst, was es für andere Männer noch gibt! Das ist traurig.

Das ist traurig, wenn er heimkommt und alle Tage seinen Rausch hat, und dann kriegst du noch ein paar Schellen, die Kinder und die Frauen mit, wieder ein paar Schellen, daß du davonrennen mußt oder in ein Frauenhaus gehen mußt. Das ist ja bei uns nicht. Das ist doch okay, oder? Wenn man vergessen kann und der Mann ist so für seine Familie da. Man muß immer daran denken, wie es anders sein könnte.

Doris: Wie wichtig ist denn Sex?

Ottilie: Wenn man so lang verheiratet ist, dann läßt das auch nach. Geht einem jeden so, allen die meinen, ja, das hätt ich nie geglaubt. Früher, gell Rudi, aber das hätte ich nie geglaubt, daß das einmal kommt, daß man höchstens die Woche einmal, zweimal oder dreimal. Mir reicht das eh.

Rudolph: Ja also es ist nicht so, sagen wir, daß ich bitten und betteln muß, nein – das nicht...

Ottilie: Ja.

Rudolph: ...ja also...

Ottilie: ...wenn ich nicht mag, dann geben wir auch keinen Anlaß dazu...

Rudolph: Also, das kenn ich genau, wenn sie Gefühle hat. Weil, wie gesagt, Sex ist praktisch das wichtigste, auf deutsch gesagt.

Ottilie: Ist ja alles menschlich. Das hat uns der Herrgott gegeben.

Rudolph: Was hast du denn praktisch sonst? Runterbeißen kannst du ja nicht von dem Menschen. Wenn das nicht wär, dann braucht's da gar kein Zusammenbestellen, dann braucht's doch gar keinen Mann und keine Frau nicht.

Ottilie: Das ist doch alles menschlich, die Sachen hier, das hat uns der Herrgott mitgegeben, und aus ist's. Das ist alles.

Doris: Denken Sie manchmal an den Tod?

Ottilie: Ich hab nicht Angst vor dem Tod.

Rudolph: Mei, warum soll man da so Angst haben?

Ottilie: Wir sind mit dem geboren, und das kommt auf uns zu. Ich bin jetzt 54 Jahre, es kommt immer näher. Wir sind geboren zum Sterben. Wir können nicht da bleiben. Meine Mama ist 80 Jahre alt geworden, das ist ein schönes Alter, und sie ist schön gestorben. So möcht ich auch einmal sterben, daß ich umfalle und bin tot.

Rudolph: Ich sag allerweil: Gesundheit ist der größte Reichtum. Weil wenn ich heute krank bin, hab ich auch einen Mordspalast, und hab ich eine Villa und einen Haufen Geld und ich hab nichts davon.

Ottilie: So wie's jetzt ist, soll's bleiben mit uns zwei und mit den Kindern auch. Wir sind wirklich glücklich. Das ist doch viel wert, wenn man so leben kann: das ist die Lebenseinstellung, wie sich der Mensch einstellt. Mein Mann und ich könnten heute gar nicht mehr beieinander sitzen, Frau Dörrie. Aber es ist meine Lebenseinstellung heute anders, weil ich spekuliert hab, ich kauf mir nichts Besseres ein als wie meinen Mann. Was hilft das, wenn ich den anderen hätte, und das wäre auch wieder so ein Saubär – das wär das gleiche. Da kann ich doch bei meinem Mann auch wieder bleiben, nicht? Und das sollten sich schon einmal viele so denken.

Doris: Was haben Sie denn Ihren Kindern für Tips gegeben für die Ehe?

Rudolph: Gar nix, praktisch.

Ottilie: Die haben die Tips von uns gesehen. Und das ist eine Lehre.

Wo ist die Überraschung?

Herr K.
Jurist

Frau K.
Hausfrau

Doris: Wie haben Sie sich denn kennengelernt?
(Sie hat einen Ball organisiert und ihn dazu »besorgt«.)
Doris: Und wie hat's dann gefunkt? Können Sie sich daran
noch erinnern?
Frau K.: Ja ziemlich schnell und ziemlich heftig. Aber dazu
kannst du ja auch mal was sagen (deutet auf ihren Mann).
Herr K.: Soll ich dazu was sagen?
Frau K.: Ja! Ich kann ja nicht nur reden (Verlegenheits-
lacher).
Herr K.: Wär aber mal ganz interessant zu hören. Ich weiß
ja nicht, was in dir vorgegangen ist. (Müde im Ohrensessel)
Ich fand sie einfach toll. Das war so ein frisches Mädchen.
Ja, so energisch, bißchen anders irgendwie, zupackend. Das
hat mich auch gereizt – jetzt sag ich mal ganz was Direktes –,
daß sie so mit den Männern, also Schülern, daß sie eine
sehr lockere Art hatte, mit denen umzugehen. Daß sie da
dirigierte. Eigentlich hat es mich gestört, aber dann auch
gereizt...
Frau K.: ...mich zu bändigen.
Herr K.: ...ihr zu zeigen, daß es so nicht ganz richtig ist.
(Beide lachen). Ganz verrückte Idee eigentlich. Also: Sie

hat mich gereizt, nicht im negativen Sinn. Sie war sehr autonom. Ich war 24 oder 25, sieben Jahre älter als sie.

Frau K.: ... und was mich fasziniert hat, das weiß ich noch ganz genau: er ist ziemlich frech gewesen. Und er hat mir nicht gesagt, daß ich die einzige bin und daß er mich sehr liebt – so die übliche Masche der jungen Männer –, sondern er hat gesagt, daß ich den 10. Platz in seinem Herzen einnehme. Und das fand ich irgendwie sehr witzig. Das hatte mir noch keiner gesagt.

Herr K.: Ich hab dir aber auch gesagt, daß du eine Chance hast aufzusteigen. (Lautes Gelächter von beiden.)

Frau K.: Ja, ja, war doch mal was anderes. Hatte mir noch keiner gesagt.

Herr K.: War ein neues Modell, ja.

Frau K.: Fand ich frech.

Herr K.: Wie ging das dann weiter? An Neujahr geschah dann eine meiner Frechheiten, nach dem eigentlichen Kennenlernen, also 'ne Silvesterparty, sagen wir mal, und da haben wir uns wiedergesehen.

Frau K.: Eine Freundin hatte eine Party im Haus, und da haben wir Silvester gefeiert.

Herr K.: Und dann war irgend 'ne Nacht vorbei, und wir hörten und sahen nix voneinander, und da hab ich beschlossen, einfach mal da rüber zu gehen: Hallo, wie geht's dir und so. Ich fand das so ungewöhnlich nicht, aber dort schlug das ein wie 'ne Bombe. (Lacher)

Frau K.: Jaja.

Herr K.: Und dann gab's irgendwo romantische Szenen, wie sie halt zu der Liebe gehören. Ein langer Schal, langer grauer Schal, in den wir uns eingewickelt haben; und da sind

24

wir nächtens durch den Schnee gesaust, durch den Schnee getanzt und so, oder irgend so was.

Frau K.: Doch. Jaja, es wurde dann also sehr stark; es war dann plötzlich etwas ganz Wildes, und von meiner Seite aus kann ich das schon sagen, daß das dann wirklich die große Liebe war; und ich hab dann also ganz schön abgehoben und hatte Mühe und Not, daß ich dann mein Abitur noch hingekriegt hab: ich hab nämlich nur noch an ihn gedacht. Es war schon dramatisch: da sind einfach zwei Charaktere aufeinandergestoßen und explodiert.

Nach dem Abitur haben wir dann noch nicht geheiratet, da haben wir uns dann verlobt, wir wollten eigentlich nicht heiraten. Also, was heißt heiraten? Ich war sowieso der Meinung, daß man nicht unbedingt heiraten muß – und vor allen Dingen nicht so früh –, aber ich wollte halt sehr intensiv mit ihm zusammensein, und das war damals noch nicht möglich. Ich war noch minderjährig, und man hätte nie eine Wohnung bekommen – unverheiratet. Das kann man sich nicht vorstellen! Was heute normal ist, das war, also die Polizei wäre gekommen. Der Vermieter hätte sich der Kuppelei – der wäre angeklagt worden.

Herr K.: Also von Heiraten war überhaupt nicht die Rede.

Frau K.: Aber dann sind wir über ein Jahr verlobt gewesen, und dann haben wir geheiratet.

Doris: Wie waren Ihre Eltern dazu eingestellt?

Frau K.: Ich bin sehr liberal großgeworden. Manche sagen, ich bin nicht erzogen worden, böse Zungen, aber da haben sie sich dann schon quergelegt. »Das kannst du nicht« und »du wolltest doch nicht heiraten«, und es hatte sich doch ein bißchen sehr zugespitzt bei deinen Eltern und auch bei meinen Eltern. Und dann haben wir einfach heiraten müssen.

Herr K.: Richtig. Und wir waren sehr dickköpfig; sind wir heute eigentlich auch noch, manchmal auch gegeneinander, wir wollten gegen die Welt angehen, wir wollten das machen, was wir wollten. Wir wollten zusammensein, wir wollten uns lieben – und das Umfeld war dagegen. Da gab's Verbote.

Ich wohnte ja als Referendar bei meinen Eltern, war finanziell noch nicht sehr unabhängig, da gab's noch 'ne Daumenschraube. Und das wurde auch nachhaltig ausgeübt, aber – ohne Erfolg, 'ne? Wir haben uns entschlossen, uns in jeder Weise durchzusetzen.

Doris: Und gab's dann ein großes Fest, bei der Hochzeit?

Frau K.: Ich wollte ja schon mit ihm zusammensein, nur es hat dann nicht ein so großes Fest gegeben. Im Grunde macht's ja keinen Unterschied . . .

Herr K.: Schon beklommen, oder? Du nicht?

Frau K.: Nein, ich bin einfach der Meinung, daß ich irgendwie alles schaffe. Naja, jetzt nicht mehr so – aber ich hab einfach keine Schwierigkeiten gesehen.

Ich war wahrscheinlich zu jung, um mir das Zusammenleben zu überlegen.

Herr K.: Also ich hab mir das nicht so genau vorgestellt. Wenn ich sage, ich war beklommen, dann heißt das nicht, daß ich Angst hatte, sondern da war eigentlich was, was ich nicht geplant hatte. Das war überhaupt nicht geplant. Ich wollte ja eigentlich mich entwickeln, und nun hatten wir aus dieser Trotzhaltung heraus und aufgrund dieser starken Gefühle, hatten wir diesen Entschluß gefaßt. Und da hatten wir uns zunächst ganz konventionell verhalten.

Konventionell verhalten heißt: es mußte eine Wohnung gesucht werden, die war einzurichten, es waren Kompromisse zu schließen mit den Eltern – wir konnten das ja nicht alles finanzieren –, paar Möbel, wir hatten ja nichts. Und dann haben wir versucht, irgendwie zu leben, d. h.: plötzlich war einer Ehemann und die andere war Ehefrau, und es mußte gekocht werden. Tja, das war so 'ne gewisse Spannung und 'n Problem. Die Liebe bzw. – und plötzlich gab's 'n Ehepaar Krüger. Soziale Pflichten. Z. B. es müssen ja die Eltern besucht werden. Es gab Verwandtschaft, die mußte besucht werden; d. h., es gab etwas zu tun, was uns nicht lag. Und das hat uns große Probleme gemacht. Dann haben wir uns gestritten, aneinander gerieben, weil das war ja nicht das, was wir uns gewünscht hatten.

Frau K.: Essen mußte gekocht werden – von der Frau, und die war ja nun nicht sehr talentiert.

Herr K.: Es sind Rollen. Wir sind in die Rollen reinmarschiert, als wären sie richtig. Ich sag jetzt vielleicht mal nicht wir, sondern ich, also ich habe das zunächst nicht durchdacht. Ich bin aus der Haltung des Studenten und Referendars reingerutscht in die soziale Rolle eines Ehemannes und hab erst nachher gemerkt, was das ist: daß man eine Frau hat, und die hat üblicherweise Mahlzeiten herzurichten; da ist 'ne Küche, und da sind Betten und so – das war ein richtiges Hemmnis.

Frau K.: Nach dreizehn Monaten war dann das erste Kind da.

Herr K.: (mit Zeigefinger): Aber gewollt! (Lacher)

Frau K.: Ja, ja. (Lacher)

Herr K.: Sehr gewollt. Das war eine gemeinsame Entscheidung. Das ging eigentlich von dir aus, nicht? Daß wir uns körperlich und seelisch so nah waren, daß wir, daß sie gesagt hat, sie möchte ein Kind.

Frau K.: Ja. Ich war schon begeistert. Das war ein lustiges kleines Kind. Auch unser Leben wurde dann turbulent. Durch Versetzungen, also mein Mann versuchte dann natürlich seinen Berufsweg zu gehen, und wir sind dann nach Süddeutschland gezogen.

Herr K.: Also ich hab plötzlich entdeckt, daß ich ja Pflichten hab. Ob ich 'ne Karriere machen oder ob ich irgendwas versuchen soll. Und sie hatte eigentlich gar keine Chance jetzt, ein Kind ein Stück großzuziehen und dann wieder sich in ihre Ausbildung zu begeben oder so was. Sondern das war dann so, daß ich sie sozusagen mitgezogen habe.

Frau K.: Direkt nach dem Abitur habe ich angefangen Pädagogik zu studieren, und dieses Studium aufzugeben ist mir nicht besonders schwergefallen. Hätte ich also angefangen Medizin zu studieren, hätte ich wohl um den Beruf mehr gekämpft. Medizin war mein Traumberuf. Einen Beruf zu haben war mir eigentlich schon mit 14 oder 16 immer sehr wichtig. Ich war – wie gesagt – sehr jung, sehr optimistisch, ich hab gedacht, ich kann das alles unter einen Hut bringen. Ich hab auch nicht gewußt, wieviel Zuwendung ein Kind braucht. Und dann hab ich natürlich eingesehen, daß es nicht zu machen ist; erstmal wegen der vielen Ortswechsel, und dann ist ja irgendwann auch das zweite Kind gekommen.

Herr K.: Ich hab versucht, 'ne kleine Kleinstkarriere zu machen. Ja, ich möchte sagen, wir waren dann nicht mehr ganz so optimistisch, d. h., ich hatte 'ne Phase – man kann das besser, wenn man von sich selbst spricht. Ich hab eigentlich gar nicht darüber nachgedacht – über die Ehe oder ihre Befindlichkeit –, ich bin da ganz offen. Ich war mit mir selber mehr beschäftigt, also mich z. B. in so einer Großfirma erstmal zu etablieren, zu verstehen, was da läuft – seriös zu werden – in einem gewissen Sinn, also aus dem Hemdenstil in den Anzug- und Krawattenstil überzuwechseln. Ist wirklich so. Und dann hab ich das natürlich auch genossen – ich fand das wunderschön, es war für mich sehr romantisch, eine Frau zu haben und kleine Kinder, mit denen ein bißchen rumzuziehen, aber irgendwie auch von ihnen gar nicht so belastet zu sein.

Frau K.: Ja, eben eine klassische Rolle.

Herr K.: Ich hab nicht auf die Familie zugelebt, sondern ich hab eigentlich für mich gelebt, und die Familie war eine schöne Sache, gut, also eine wunderschöne Angelegenheit, aber sie war nicht der Kern meiner Überlegungen.

Doris: Fanden Sie das auch so romantisch?

Frau K.: Nein, ich dann nicht mehr. Ich bin also älter geworden, hab mich dann eben entwickelt und fand das dann nicht mehr so romantisch. Ich kam mir dann sehr eingemauert vor. Ich hatte nur Kontakte mit Müttern. Mütter mit kleinen Kindern, das kann ganz schlimm sein. Die reden nur über Kinder und sitzen im Sandkasten, und das Haus wird bevölkert mit kleinen Kindern, und die Kinder haben Durst, und die müssen aufs Klo, und die schlagen sich, und das eine weint dann, und es ist schon . . . also dafür bin ich nicht so ganz richtig geboren.

Herr K.: Ich hab das zeitweilig überhaupt nicht begriffen, was in ihr vorgeht. Ich hab es als negative Intervention empfunden – das ist jetzt natürlich ein aufwendiger Begriff –, mich hat's gestört. Mich hat das Kraft gekostet, und ich hab's als ein Hindernis erlebt – nicht nur in meiner betrieblichen Umwelt, nennen wir es jetzt doch Karriereversuch oder Karrierewunsch und Karrieredruck. Ich hab mir damals immer gewünscht, daß die Frau in der Lage sein müßte, ihre Probleme selbst zu lösen – ohne mich. Und als der Druck stärker wurde von ihr, hab ich es als sehr belastend erlebt, sehr kraftraubend, negativ.

Frau K.: Und ich hatte kein Verständnis für seine Welt, weil ich halt auch nicht berufstätig gewesen bin. Ich konnt mir nicht vorstellen, daß es dort auch Probleme gibt. Ich hab gesehen, daß Kinder unwahrscheinlich viel Kraft fordern, vor allen Dingen von mir viel Kraft, weil ich das nicht erlebt habe, als Einzelkind in einer großen Familie aufzuwachsen. Ich hab mich also überfordert. Aber das habe ich natürlich erst erkannt, als diese Kinder schon da waren – daß es mir nicht so liegt. Daß ich also nicht im Mutter-Sein aufgehe. Daß es nicht mein Traum ist, vier Sprößlinge rumrennen zu sehen und Kuchen zu backen und Nasen zu putzen und – und sonst also nur Hausfrau zu sein und – und dann also irgendwann zu wissen, als Perspektive, daß mal Enkelkinder da sind. Wir haben im Bekanntenkreis solche Frauen, die das so leben – und die haben jetzt ihre Enkelkinder und sind glücklich.

Doris: Wo ist dann dieser beidseitige Frust hingelaufen?

Herr K.: Ja, das ging weiter – das war ein Modell, was wir uns dann ausgedacht haben, weil wir mit der Problematik nicht fertig wurden, und wir haben das dann bewußt gelebt: fünf, sechs Jahre lang haben wir eine Wochenendehe geführt.

Damit waren wir dann aus dem Passiven, daß wir das erleiden mußten, raus, wir hatten ja Entschlüsse gefaßt. Das Modell, das wir uns ausgedacht hatten, funktionierte: sie hatte ihren Freiheitsgrad. Wir fühlten uns wohl, sehr wohl; ich möchte sagen, das war die schönste Zeit, an die ich so denken kann...

Frau K.: Ja.

Herr K.: ...und wir hatten uns ein Modell ausgedacht, wie wir uns managen könnten, und das klappte.

(Dann lebte man wieder einige Jahre zusammen).

Doris: Wie kam's dann zum großen Knall?

Herr K.: Das ist 'ne Entwicklung über mehrere Stufen. Nach dem Modell »Wochenendehe« gab es wieder das Experiment »Zusammenleben«. Alltagstrott.

Frau K.: Ich hab seinen Job, seine Tätigkeit für herrlich gehalten. Ich hab mir auch gewünscht, jeden Tag aus dem Haus gehen zu können, alles hinter mir zu lassen und mich dort zu bewegen. Ich hab ihn beneidet, und er hat mich beneidet, daß ich zu Hause bleiben darf. Man kann den anderen nicht verstehen, wenn man in zwei ganz verschiedenen Welten lebt.

Herr K.: Da war eben dieses Stursein, mein Gefühl, sie bricht Brücken ab. Ich bin da immer sehr konventionell gewesen...

Dann hatten wir viel Ärger um die Kinder, um den älteren Sohn vor allen Dingen, da gab's Konflikte.

Frau K.: Ja.

Herr K.: Nicht Erziehungsprobleme, sondern ganz konkrete Dinge: der tickte nicht richtig als Heranwachsender, in der Pubertät. Es war extrem. Ganz extrem. Das hat sich z. B. an einem gewissen Grad, man kann sagen von Verwahrlosung geäußert...

(Sie lacht)

Das heißt, das sogenannte Kinderzimmer, das ihm zugewiesen war, äh, da stapelte sich alles. Also da wuchs vom Boden aus eine Schicht von ausgeleerten Flaschen, von chemischen Dingen, von Schulbüchern, von Zeitungsausschnitten, von Apfelkrusseln...

Frau K.: ... Chemiebaukästen ...

Herr K.: ... es begann zu riechen, es war unerträglich.

(Sie lacht)

– paßte also überhaupt nicht zu unseren ästhetischen Bedürfnissen. Und nun die Frage: wie geht man damit um?

Mir war's wieder schmerzlich, hart durchzugreifen. Wir haben dann zwar einen gemeinsamen Entschluß gefaßt: der wurde dann als 16jähriger exmitiert, also rausgeworfen, d. h. geordnet rausgeworfen; er bekam 'ne Unterbringung, ihm wurde das erklärt; er ging nicht freiwillig. Er litt furchtbar. Und ich litt mit.

Frau K.: Er bekam 'ne kleine Wohnung.

Herr K.: Ich hab es nicht akzeptiert. Ich hab's eigentlich gegen sie gebucht. Also, daß 'ne Mutter so was macht, 'ne! Daß sie das nicht in Griff kriegt, das hab ich als unser Problem – und konkret –, als ihren Mangel angesehen, nicht? Und das hatte wieder 'ne Spannung aufgebaut. Söhne sind eben so was wie ich. Nicht? Die Bestätigung, daß es mich gibt. Nicht? Na gut, du hast das entdeckt, daß das nicht dein Job ist, Kinder zu kriegen und Kinder zu haben. Daß du das nicht kannst, im Grunde genommen, daß du die Einstellung dazu nicht hattest, daß es eine Überwindung ist, daß es jeweils einen Denkakt braucht, um was zu tun, was eigentlich möglicherweise – ich weiß es ja auch nicht genau, ich bin ja keine Frau –, was ein anderer Typ Frau eben sozusagen erstrebt oder automatisch macht...

Doris: ...und um was zu leben dann?

Frau K.: Ja, um mal für mich zu sein, um mal eine eigene Wohnung zu haben, selbständig zu sein, total bestimmen zu können, wann ich aufstehe, wann ich ins Bett gehe, was ich esse, ob ich nichts esse – eben nicht mehr so viel Rücksicht nehmen zu müssen. Man stellt sich sehr auf andere ein, das muß natürlich auch ein Mann, aber als Frau wohl ganz besonders.

Herr K.: Es war auch klar, daß immer noch Gefühle da sind. Und dann gab's natürlich noch etwas. Und wieder bin ich eigentlich der gewesen, der Fragen, die die Frau als der drängendere Teil stellt, nicht richtig beantworten konnte. Die Frage war z. B.: Jetzt sind die Kinder so und so groß, was ist nun, was ist unsere Zukunft, was hält uns beieinander, was wollen wir eigentlich – wie geht's weiter?

Frau K.: Es ist ja kein Eklat gewesen, sondern wir haben uns entschlossen...

Herr K.: Von beiden ging die Trennung aus. Eigentlich wieder so, wie die paar Mal davor, haben wir uns wieder entschlossen, Modellwechsel zu machen, um zu experimentieren, um da weiterzukommen damit. So war's auch mit der Trennung: als Endstufe von jahrelangen Gesprächen, aber auch Zerwürfnissen. Es gab keinen Haß, es waren immer noch Gefühle da, aber es klappte eben nicht.

Doris: Und Sie sind dann ausgezogen?

Frau K.: Ja, meinem Mann ist dieses Haus sehr wichtig. Er braucht es, auch seine Johannisbeeren im Garten.

Herr K.: O ja, die schmecken gut. (Beide lachen)

Frau K.: Und mir ist es eigentlich nicht so wichtig. Ich könnte auch in einer ganz kleinen Wohnung sein. Ich bin dann erst mal zu einer Freundin gezogen, die eine relativ große Wohnung hat, und das Kind ist im Internat, und da ist also ein Zimmer frei gewesen, da hab ich dann bei ihr gelebt.

Herr K.: Wir haben uns dann drei, vier Monate gar nicht mehr gesehen. Telefoniert, ja. Warum haben wir uns dann eigentlich wieder getroffen? Irgendwie hatten wir doch ein Interesse aneinander, glaube ich.

Frau K.: Ja.

Herr K.: Es war sehr eigenartig. Tolle Atmosphäre.

Frau K.: Das war dann ein tolles Rendezvous mit dem eigenen Mann.

Herr K.: Wir haben uns verabredet, ein Date gemacht, das braucht man ja in der Ehe nicht, gell, ich fand's hochinteressant, und ich fand sie auch toll. Sie war anders. Sie wirkte fast fremd auf mich.

Frau K.: Er war sehr zurückhaltend. Sehr seriös.

Herr K.: Aber nicht abstoßend anscheinend.

Frau K.: Nein. Wir haben ein bissel geredet halt, so wie man redet, wenn man einen alten Freund trifft, den man lange nicht gesehen hat. Das ist schon interessant. Es war fast wieder so wie am Anfang.

Herr K.: Es war richtig schön. Eine Spannung war da. Kommt sie? Wo ist sie? Ist sie überhaupt da? Kommt sie nicht? Will sie nicht? Das hat gebibbert hier drin.

Doris: Und wie kamen Sie dann wieder ins Haus zurück? Zu Besuch?

Frau K.: Ich hab mich in diesem Haus schon als Besuch gefühlt. Das hat sehr lange gedauert, bis ich meine Zahnbürste wieder dagelassen habe.

Herr K.: Ich wollte das auch gar nicht. Es war auch so ästhetisch, das leere Bad und so. Die Abstände verkürzten sich. Es war wahnsinnig lustig. Mir ist aufgefallen, daß sie sehr scheu war, daß sie das eigene Haus betreten hat, als gehörte sie nicht hierher.

Frau K.: Ich hatte einfach das Gefühl, daß das seine Wohnung ist und daß ich mich nicht einfach einquartieren kann.

Doris: Wie kam dann dieser Entschluß, doch wieder einzuziehen?

Frau K.: Da gab's die Weihnachtszeit. Also ein Experiment. Also nicht nur am Wochenende, sondern mal ein paar Tage zusammenzusein. Da gab's ja auch so was ganz Witziges: wir hatten ja wieder eine Modellidee, das hieß »Geliebte«. Ich bin nicht deine Ehefrau, das ist nicht verbindlich, wir sind zwar verheiratet, okay, aber wir haben ja eine Vereinbarung, daß wir frei sind. Ich bin auch nicht wieder hier, um als Ehefrau das Regiment in die Hand zu nehmen, sondern wir sind verliebt ineinander. Ich bin jetzt hier, solange wie wir es wollen, nicht?

Doris: Ist das der Status quo? Oder hat sich schon wieder was verändert?

Frau K.: (Seufzend) Ja, bißchen kommt schon der Alltag wieder.

Herr K.: Es sind ja alles diese Kleinigkeiten, die das Leben so schwer machen. Da unten hängt ein Arbeitsplan in der

Küche. Und auch diese Schablonen. Das wollten wir nicht, also haben wir dann festgelegt: Arbeitsplan.

Frau K.: Und das halten wir auch durch. Ich bin keineswegs mehr so wie früher, daß ich den Haushalt zu 90% schmeiße, sondern du nimmst mir da einiges ab jetzt. Der Alltagstrott ist eben ...

Herr K.: Wo ist das Herzklopfen geblieben?

Frau K.: – ja.

Herr K.: Wo ist der Kitzel jetzt?

Frau K.: – ja, das Ungewöhnliche ...

Herr K.: Wo ist die Überraschung? Wo ist die Möglichkeit, daß es nicht klappt?

Doris: Heißt das denn, daß man alles instabil halten muß, damit es überlebt?

Herr K.: Donnerwetter!

Frau K.: Es kommt sehr auf die Leute an. Da muß man sich wirklich fragen: Wie bin ich? Da kann man nicht sagen, man soll es so machen, so ist es richtig. Man muß sich wirklich fragen: Was kann ich, was macht mir Spaß, und wie kann ich leben.

Herr K.: Meine Sicht ist, daß unsere Beziehung eigentlich zu schade ist, als daß sie sich wieder verschleißt. Inzwischen wissen wir ja so viel, wissen, was wir uns gegenseitig bedeuten.

Frau K.: Nämlich sehr viel.

Herr K.: Ja, das können wir ohne rot oder schwarz oder grün zu werden, jederzeit jedem sagen. Das ist einfach so, das wissen wir. Andererseits wissen wir, daß wir möglicherweise nicht in der Lage sind, den Alltag durchzusteuern. Es könnte ja sein, daß wir das nicht können und auch nicht lernen. Und deshalb die Frage: wenn es nicht geht, versuchen wir es mit einem tauglichen Modell. Ein Modell, das nicht totale Trennung heißt, sondern partielle. (Es gibt da eine zweite Wohnung.)

Frau K.: Es ist ja auch was da. Es ist ja nicht so, daß diese Beziehung zwischen uns wirklich mies, kaputt ist, nein. Es ist da sehr viel, was mich mit dir verbindet, aber ich muß wirklich nicht mit dir unter einem Dach wohnen.

Doris: Was wäre im nachhinein die Lösung gewesen?

Herr K.: Das ist eine offene Frage. Wenn ich gewußt hätte, was ich heute weiß, dann ist die Antwort: Sie hätte ihren Weg gehen müssen, statt in die Schablone. Ich hätte z. B. nicht zustimmen dürfen, daß sie sich ein Kind gewünscht hat und mitwirken, daß das Kind entsteht – in dem Moment.

Frau K.: Ja.

Herr K.: Sie hat's sich sehr gewünscht, aber sie hat sich selbst nicht hinreichend bedacht. Sie hat nicht bedacht, was ihr Interesse ist, sie hat nur das Gefühl gelebt, und ich hätte das nicht mitmachen dürfen. Ich hätte mitwirken müssen in irgendeiner guten Weise, daß sie sich entwickeln kann, daß sie nicht nachher diese Fragen stellen muß.

Doris: Steht und fällt das Ganze jetzt mit den Kindern?

Herr K.: Nein, die Kinder sind es nicht als solche, es ist, daß sie nicht gelebt hat, wie es ihr hätte möglich sein können.

Frau K.: Ich kann es ja nicht ausschließen, wahrscheinlich hätte ich mir durchaus mit 35 oder 36 eben ein Kind gewünscht. Aber dann hätte ich mich bestimmt nicht reduzieren lassen auf Hausfrau.

Herr K.: Auch finanziell natürlich. Daß jeder was hat, wovon er leben kann, das ist ihr ja vorenthalten worden. Das hätte man anders machen sollen. Es sollte so sein, daß da zwei sind, die eigentlich autonom sind, die einen Beruf haben, die sich freiwillig zusammentun, und wenn's nicht geht sich wieder trennen können, ohne zusammenbleiben zu müssen, weil der eine keine Chance hat, weil er nichts gelernt hat, weil er irrsinnig absackt.

Doris: Also eine Trennung von Liebe und Ökonomie?

Herr K.: Das ist mit das wichtigste, daß jeder als einzelner bestehen kann, also sozial stark genug ist. Dann kann er sich auch viel besser in eine Bindung begeben, und nicht – vereinfachtes Modell der bürgerlichen Ehe –, der eine bringt's Geld, der andere gibt's aus.

Frau K.: Auch auf der Glückssuche – ich möchte nie gezwungenermaßen in einer toten Beziehung ausharren müssen, weil ich überhaupt keine andere Chance hätte. Das wäre für mich eine ganz schlimme Vorstellung, wenn ich mich an irgendeinen anderen Mann ranwerfen müßte, um überleben zu können. Ich brauche meine Unabhängigkeit. Da gehört natürlich auch die ökonomische dazu und auch die im Kopf. Viele Leute harren in Abhängigkeit aus, weil sie sich nicht trauen, frei zu sein, die können es überhaupt nicht, obwohl sie das Geld hätten. Die könnten es vom Gefühl her nicht, oder sie hätten Angst, alleine zu stehen plötzlich. Deswegen ja auch die vielen gescheiterten Beziehungen, wo man diese Beziehung erst verläßt, wenn da ein anderer schon wartet. Diese Vorstellung ist für mich eine ganz schlechte.

Doris: Also ist Glück für Sie gleichbedeutend mit Freiheit?

Frau K.: Ja? Ja. Ja! Richtig.

Herr K.: Das sehe ich auch so. Ich bin mir jedenfalls nach diesen dreißig Jahren ziemlich sicher, daß ich, wenn ich gelernt hätte autonom zu leben, in eine totale Bindung möglicherweise nicht eingestiegen wäre.

Frau K.: Das hätte mir auch passieren können.

Herr K.: Wenn wir uns als reife Menschen begegnet wären, ob wir dann überhaupt noch in der Lage gewesen wären, aufeinander zuzugehen? Aber ich bin im Experimentellen.

Doris: Haben Sie so was wie eine Lebensphilosophie?

Herr K.: Nein.

Frau K.: Mir treu zu sein. Zu mir zu stehen, wie ich halt bin. Daß ich einfach definiere, was ich möchte, und daß ich das auch tue und mich nicht anpasse.

Herr K.: Ich weiß jetzt was, mir fällt jetzt was ein. Ich weiß, daß ich mich die ganzen Jahre bemüht habe, Verständnis zu erreichen.

Ich hab ihn gestylt

Erika
Ex-Artistin, Hausfrau

Valentin
Bankangestellter

Erika: Ja, bei mir waren es die ein klein bißchen traurigen Augen und der Mund.
Valentin: Ja? Und bei dir war's der – na, ich meine der Gesamteindruck. Wie du so dastandest – so ein bißchen –, ich möchte sagen, verloren ...
Erika: Ich? Na stell dir mal vor: ich!
Valentin: Ja, aber wie ich schon sagte, so ein bißchen ...
Erika: Ich? Wirke ich auf Sie verloren, wenn Sie mich zum ersten Mal sehen?
Valentin: Ja, so ein bißchen schüchtern, na, so schüchtern bist du mir vorgekommen.
Erika: Das stimmt. Na stell dir mal vor ...
Valentin: Ja, ich dachte irgendwie, da ist so ein kleines Mädchen, das wartet auf jemand. Na ja.
Doris: Nun wart ihr ja beide verheiratet. Woran sind denn Ihre Beziehungen vorher gescheitert?
Erika: Bitte, mach's du, ja?
Valentin: Ja mei, meine Beziehung ...
Erika: An ihm hat's nicht gelegen. Er bekommt eines Tages ...
Valentin: Wir waren also auf Kur, meine Frau damals –

und da hat's halt jemand kennengelernt. Und nach der Kur sagt sie: Du, ich laß mich scheiden.

Erika: Bums.

Valentin: Da hab ich ein bißchen dumm geguckt, glaub ich schon, aber mei gell – dann hab ich mich damit abgefunden. Aber wenn ich jetzt so Rückblick mache, war's vielleicht ganz gut. (Bussi für Erika)

Erika: Hat er mir gesagt.

Valentin: Das kam aus heiterem Himmel. Also da schaut man schon ein bisserl kariert. Nach zwanzig Jahren. Also achtzehn Jahre waren wir verheiratet, zwanzig Jahre haben wir uns gekannt.

Doris: Und woran lag's bei Ihnen?

Erika: Ja, bei mir hat's daran gelegen, daß ich eine Ehe nur mit Kind führte. Das war sehr schön, aber ich wollte doch auch einen Mann dazu haben. Der war zu tüchtig. Ich kann ihm nichts weiter nachsagen, als daß er zu tüchtig war.

Doris: Das heißt, er war nie da.

Erika: Ja, mmh mmh. – Da bin ich dann mit meiner Veronika, nach acht Jahren hab ich dann nochmal versucht, die Ehe zu kitten – mit einem zweiten Kind –, und das war alles sehr schön, aber er hatte nicht mal Zeit, ins Zimmer zu kommen. Dann hab ich gesagt: nun komm doch mal rein, sieh dir die Puppe an, es war wirklich ein bildhübsches Baby, da stand er an der Tür und »t-t-t-t«, und ich sag: Nun komm doch und sieh es dir an. »Ich hab keine Zeit, da ist schon wieder ein Termin.« Da ist ein Termin, sag ich, ja und ich? – Vielleicht ein Kuß, oder na? Es war ihm peinlich, oder ich weiß auch nicht, was mit dem Mann war.

Und heute sagen's mir meine Kinder, daß sie mich verstehen, die sind auch seelisch eingegangen, bei solch einem gefühlskalten Vater. Er war zärtlich, na, ich bin ja auf ihn hereingefallen damals – aber das ist ja nicht alles; man braucht ja auch Verständnis, und das hab ich jetzt.

Alle Probleme, alles, alles, hab ich mit mir selbst ausmachen müssen. Im Gegenteil, es hieß: deideidei, da es ja italienisch war, mach nur, mach nur (sie klatscht in die Hände), beeil dich, beeil dich, jetzt fahr'n wir hierhin, jetzt fahr'n wir dahin, oder gar nichts, ich hab keine Zeit, laß mich, laß mich – und so hab ich dann zwölf Jahre lang gelebt: mit »laß mich, laß mich« ... – Stefana wurde nervös, das erste Kind, da hab ich dann die Hand vorgehalten, da hieß es dann: »Tu merde di madre«; das hab ich mir dann auch noch anhören müssen. Und da wußte ich gar nicht mehr, was mach ich noch richtig, was mach ich falsch, was soll ich überhaupt noch machen!

Damals, ja, da lebte man in der Hoffnung, daß es wird.

Man meint, man bringt ja alles Gute, Schöne, Saubere mit in die Ehe, und das müßte ja eigentlich anerkannt werden von einem Mann. Aber ein Mann lebt ja nunmal in der Hauptsache für sich und seine Karriere – in meinem Fall, nicht wahr!

Ich war ihm recht; er war stolz, och meine Erika, also ich wäre sein Rückgrat, sonst wär er das gar nicht geworden, also ich mache das alles für dich und und ... Ja, aber wo blieb ich? Ich konnte nie mit ihm reden, weder über mich noch über ihn, noch über die Kinder.

Doris: Glauben Sie, daß Kinder dazugehören?

Erika: Ja. Ja, man will dem Mann ja etwas geben.

Doris: Aber wenn er dann gar nicht da ist?

Erika: Ja, das weiß man vorher ja nicht.

Doris: Und was ist jetzt anders?

Valentin: Erst einmal großes gegenseitiges Verständnis, würde ich sagen.

Erika: Ja. Erst einmal. Man muß sich auf den anderen freuen können. Bei meinem Mann, wenn der zur Tür rein- kam, dann wußte ich schon, um Gottes willen, also fertig war ja sowieso alles, nicht – da ging das Telefon, tatata –, für mich war's eine Freude, wenn er rausging. Dann hatte ich meine Ruhe. Schauen Sie: und hier freue ich mich, wenn er reinkommt – das ist der Unterschied. Ja, man muß auf den andern eingehen, so wie er ist, ihn lieben.

Valentin: Ich glaub, das andere kommt dann alles von selbst...

Doris: Wie wichtig ist denn Leidenschaft?

Valentin: Ja – Leidenschaft –

Erika: Ooooh, die kommt auch von selbst – und die kann nur durch Liebe entstehen.

Ich sag, eine Frau, die nur dem Mann willfährig ist, oder der Mann kommt rein und weiß, naja, jetzt muß ich wieder mit der, na ja, also – das flacht ab; der Mann verliert die Lust. Der Mann muß die Frau immer neu erobern müssen – dür- fen –, denn eine Frau will erobert werden und dann, dann kommt das auch, daß...

Valentin: Ich bin doch dein Eroberer, ha?

Erika: Eieieieiei – und dann kommt das Schöne.

Valentin: Dann kommt das auch...

Erika: Das ergibt sich dann auch, denn die ganze Sache läuft ja auch nicht immer nach Schema F ab. Ich sag immer, also ich weiß nicht, ob ich's aussprechen darf –

Valentin: Ja warum denn nicht?

Erika: ... die andere hat sie auch nicht quer. Ich meine, du hast es nicht ganz einfach gehabt bei mir – ein anderer Mann wäre vielleicht längst weg gewesen, nach zwei Monaten oder auch noch länger, bis wir uns ...

Valentin: Das erste Mal – ich glaub, ein Vierteljahr hat das ...

Erika: ... bei aller Liebe, die ich für ihn empfand, aber ich hab ihn nach Hause geschickt; ich mußte das erst mit mir, ja, wie soll ich sagen, ich, bei all meiner Reife –.

Valentin: Wir haben sehr viel Kaffee getrunken vorher.

Erika: Ja. Uns unterhalten. Erst mal. Hier die Berührung (sie nimmt seine Hand), was gefällt mir an dem Mann, schon der Händedruck? Hat mir der gefallen? Oder hat er Hände, die sagen, um Gottes willen, wenn der mich anfaßt – nein!

Valentin: Ja.

Erika: Hier war schon die Wärme. Ich hab die Hände dann gesucht, und dann hab ich so 'ne Art mit meinen kleinen Nägelchen so ein bißchen zu kratzen und so – und dann sehen wir uns an, ein süßes Gefühl kommt in uns hoch, und dann wissen wir, wir wissen, aber wir wollen's ja noch gar nicht, also wir lassen uns sehr viel Zeit, na, kosten das aus in jedem – ja, eben weil wir reife Menschen sind.

Valentin: Das ist schön, gell?

Doris: Wie wichtig ist Sex in der Beziehung?

Valentin: So wie wir's halten, find ich's ja toll.

Erika: Er kannte das auch nicht so.

Valentin: Das war ein ganz neues Gefühl für mich.

Erika: Er wächst über sich hinaus.

Valentin: Ein neues Gefühl für mich.

Erika: Nach achtzehn Ehejahren.

Valentin: Das ist klar. Wenn ich meine Ehe betrachte, da war das schon in den letzten Jahren nur Routine, das Sexuelle, das war nichts mehr Schönes. Mein Gott, da hat man als Mann seine...

Erika: ... die Natur, ja.

Valentin: ... die Natur einmal befriedigt, wahrscheinlich, aber das Menschliche, das Sprechen und so, das hat halt dann hinterher gefehlt.

Erika: Ja eben. Das passierte, und dann warst du froh – naja gut – oder wußtest gar nicht mehr, daß da was war.

Heute klingt das nach! Wenn wir uns danach dann am Telefon sprechen, spüren wir das alles nochmal. Ich kann es nur mit dir, mit keinem anderen, nicht vorher, nicht jetzt, nachher, da gäb's keinen mehr. Also ich kann's wirklich nur mit ihm. Er ist der Mann – irgendwo hat der liebe Gott das so gewollt: Jetzt ist der Moment, jetzt hast du ausgelitten, Erika, jetzt darfst du mal wieder.

Doris: Das heißt, es ist die große Liebe?

Erika: Ja, so nennt man das doch wohl, oder?

Valentin: Schon. Das schon. Das stimmt.

Doris: Sind Sie eifersüchtig?

Erika: Ja.

Valentin: Ja? Eieiei. Das ist schön!

Erika: (begeistert) Sagt er. Sagt er.

Valentin: Ja, das ist schön.

Erika: Das ist gar nicht schön. Das ist gar nicht schön!

Valentin: So ein bißchen, ein bißchen...

Erika: Bist du denn eifersüchtig?

Valentin: Mmmh, so ein bißchen.

Erika: Brauchst du nicht.

Doris: Sie sahen auch anders aus früher.

Erika: So ist es. Das Ganze hier (sie zupft ihn an den Haaren) liegt an mir. Denn ich kannte ihn mit solchen Haaren. Er sah schon so ein bißchen aus wie ein Fünfundvierziger.

Doris: Was haben Sie mit ihm gemacht?

Valentin: Hast mich umgemodelt.

Erika: Oo, Schätzchen, sag ich, jetzt mußt du – er hatte Pech, Zähne waren ihm zwei raus. Das war dann das erste, was ich ihm gesagt hab: Schätzchen, die Zähne machen. Das war schon das erste.

Valentin: Ich hatte zwei Goldzähne, das hat mich gestört.

Erika: Ja, das hat jeder gesagt: was hat der Mann? Hat der keine Zähne? Warum dieses? Da hab ich gesagt, wie konnte dich deine Familie so lange so rumlaufen lassen? Das war das erste. Mein Schönheitssinn. Nicht, daß es mich gestört hätte – das Mäulchen gefällt mir (schnippt an seinen Lippen). Und dann diese glatten Haare! Da hab ich gesagt, Schätzchen, jetzt gehen wir mal zum italienischen Friseur, und du bekommst einen tollen Schnitt. Denn du hast viele Haare, und du siehst aus, als hättest du nur drei. Dann haben sie ihn gefragt, ob er ein Toupet hätte. Die Herren, mit denen er nun schon zehn Jahre zusammen ist.

Und dann natürlich diese Skipullover, nicht, alle von Muttern gestrickt oder Schwiegermuttern – das ging natürlich nicht. Ich hab ihn gestylt, wie man so sagt, jaja, mit Lederjacke und so.

(Sie hat aus Anlaß des Interviews ein Geschenk für ihn parat, er packt's aus.)

Na, ist das jetzt dein Geschmack?

Valentin: Ja, es ist gut. Allerbeste (Schmatz)...

Erika: Sagt ein Mann!!

Valentin: Da werden sie wieder gucken.

Erika: Also ein Sakko, modernst, das soll doch jeden Mann erfreuen, wenn er so was bekommt...

Valentin: Komm her.

Erika: Ja. (Schmatz) Das macht ihm Freude.

Valentin: Du machst mich jetzt ganz –

Erika: Verlegen?

Valentin: Naja, ein bißchen schon jetzt. Also du hast Einfälle immer so!

Doris: Glauben Sie denn, daß man einem Menschen über lange Zeit treu sein kann?

Valentin: Sagen wir mal, was du also jetzt machst, was du mir gibst, also das ist für mich einzigartig. Da kann ich jetzt auch kaum was anderes suchen.

Erika: Er guckt noch nicht mal. Dann sag ich, guck mal da drüben die hübsche Frau.

Valentin: Was heißt guck mal. Als Mann guckt man immer, sag ich mal.

Erika: Aber du bist kein gieriger Gucker – so daß ich das Gefühl hätt, da ist jetzt Gefahr oder was weiß ich.

Doris: Was würden Sie denn da machen?

Erika: Würd ich ihn lassen. Ganz schnell.

Valentin: Gucken lassen?

Erika: Naja, du guckst nicht lange. Also da hab ich etwas Erfahrung mit meinem Schwager – es gibt Männer, die können nicht treu sein, und wenn man an so einen gerät, dann ist es vorbei, dann hast du verloren als Frau. Da kannst du

Monroe sein oder wer weiß was, das ist einfach ein Fremd-
gänger, der kann nicht anders. Krankhaft, nehm ich an.

Na, ich hab nie gedacht, daß ich den Sex mit einem Mann
so genießen würde. Egal, wie, wann, wo, nicht?

Wir haben da ganz süße Sachen, und da staunt er dann
und sagt so ungefähr: Ja darf man das? Ja, da konnte ich
natürlich wieder sagen, natürlich, wenn wir's machen,
dann dürfen wir's auch.

Doris: Woher kommt der neue Mut?

Erika: Ja, woher kommt der? Das ist eben Liebe. Da springt
man über seinen Schatten.

Valentin: Du hast dann noch mehr Selbstbewußtsein.

Erika: Nein, das hat jetzt mit Selbstbewußtsein nichts mehr
zu tun. Du willst einfach für den Mann da sein. Dich will ich.

Valentin: Also wenn du das jetzt so ansprichst, denk ich
an den Starnberger See.

Erika: Ja, schön. Schön ja.

Valentin: Ach, ich lieb dich.

Erika: Ja, das weiß ich. Das sagt er mir so oft. Das möchte
eine Frau ja auch hören. Und das muß sie auch in den Augen
sehen.

Ein Mann kann sagen, ich lieb dich, und hier (greift sich ans
Herz) spürst du nur Kälte, nicht? Hier spür ich ein Entgegen-
kommen, da wird's mir warm, ja – was könnte ich jetzt für ihn
tun? Also das ist ein Geben, Nehmen, Geben, Nehmen.

Das ist der tiefe Sinn. Der tiefe Sinn heißt: ich liebe dich.
Denn jede Rose, die er mir geschenkt hat, die ich nicht weg-
werfe, die ich trockne, nach Jahr und Tag können wir sie
nochmal anfassen, und dann kommt wieder eine dazu. Man
muß einem Mann den tiefen Sinn indirekt beibringen.

Doris: Heißt das, man muß den Männern Liebe beibringen?

Valentin: Aber durch Blumen schenken würd ich nicht sagen, Schatz.

Erika: Mmmh, Liebe beibringen.

Valentin: Liebe kann ich dir anders zeigen, nicht durch Blumen schenken.

Erika: Oh, nicht jeden Tag, was soll das, nein, aber eine Überraschung. Auf einmal steht er da und hat ein Sträußchen mitgebracht: heute ist Frühlingsanfang. – Ja, das erkennt eine Frau an, das sieht sie als Liebe an.

Valentin: Aber ich zeig doch nicht meine Liebe durch Blumen.

Erika: Doch. Das ist das, was ein Mann nicht weiß. Da müßte es eine Schule geben. (Beide lachen)

Ja schauen Sie, da ist auch wieder was, eine Überraschung, das hat er nicht gekannt: Ich bin fraulich, ich bin weiblich, bis zweihundert weiblich, also gehört auch schöne Wäsche dazu. Und als ich dann mal hier so reinkam – ja – na – das war für ihn direkt ein Schock. Eieiei, jetzt geht's los – ja – nein – hab ich noch nie gesehen...

Ja, das ist eben, wenn man sich zu spät trifft. Schwiegermutter sagt: Sie haben sich zu spät getroffen. Meinem Sohn wäre viel erspart geblieben, wenn er Sie früher getroffen hätte.

Doris: Von Affären halten Sie gar nichts?

Erika: Überhaupt nichts. Nein. Nicht.

Doris: Aber das machen doch fast alle.

Erika: Ja, schau! Und sie fallen auch fast alle auf die Nase und sitzen nachher blaß und krank da.

Valentin: Nein, bringt nichts – aber was soll's?

Erika: Für eine Frau ist es ja nie eine Affäre. Sie denkt ja nicht: heute ist es ja sehr schön, und morgen will er nichts mehr von ihr wissen. Holdrio, Ihre Augen sind so blau, junge Frau – und dann: mit wem sprech ich, bitte?

Das geht jeder Frau an die Seele, und sie verliert an Gesicht und an Leben. Der Mann hat zweierlei Herzen oder zweierlei Seelen: das eine ist der Sex, das andere ist eben das Gefühl. Einer Frau geht's an die Nieren, jede Affäre, denn es ist für sie keine Affäre, sie ist nur geschockt nachher.

Valentin: Aber in der heutigen Zeit...

Erika: Viele Mädchen hab ich da schon sitzen sehen, Zigarette, Zigarette – ich hätte da ein paar Tips! Eine Schule für junge Mädchen aufmachen.

Valentin: Das hört sich hart an.

Erika: Aber das müßte vielleicht mal sein, z. B. man müßte überhaupt eine Eheprüfung machen für Zwanzigjährige.

Mit 20 Jahren weißt du das nicht. Da kennt man sich ja selbst noch nicht. Man dürfte überhaupt nicht vor 30, 35 heiraten. Dann würde viel weniger Elend auf der Welt sein.

Ja, das hört sich alles sehr schlimm an. Aber es gibt halt ein, zwei oder drei Kategorien von Frauen: Die einen sind eben karrieresüchtig, die tun alles für die Karriere. Dann gibt's eben wieder die Frau, die sagt, ich will Frau, ich will Familie, dafür muß ich gesund bleiben, damit ich gesunde Kinder bekomme. Die anderen, die leben drauflos, für die ist es egal, was sie einem dann in die Wiege legen. Mein Vater hat zu mir gesagt, da war ich keine fünf, keine sechs, der war sehr streng: »Erika, solange du nicht denkst, bist du kein Mensch.« So, nun wissen Sie, woher ich das alles hab.

Was eine Frau nachher – wenn sie liebt – dem Mann mitgibt, ist die Seele. Sie weckt ja seine Seele, von der er vorher gar nicht gewußt hat, daß er eine hat. Wenn ich mit einem Menschen zusammenlebe, dann muß ich meine Seele entdecken.

Doris: Haben Sie das Gefühl, daß Erika Ihre Seele entdeckt hat?

Valentin: Also meine schon, ja, meine schon.

Erika: Na? Ist das nicht schön?

Valentin: Doch, ist es. Ein ganz anderes Gefühl wie früher.

Erika: Er meint ja, er hätte früher gar nicht gelebt.

Valentin: Das stimmt ja.

Erika: Und ich auch nicht; indem ich zehn Jahre meines Lebens vernäht und verstrickt habe. Nun gut, ich hab vorher gelebt: die Männer sind mir nachgelaufen, kann man sagen, mit Schokolade, mit Dings – nach dem Krieg –, ich mochte keine Schokolade. Ich wußte ja, danach sollte ich ihn umarmen oder einen Kuß oder was weiß ich – das lag mir nicht, diese – die Männer, die Art hat mir nicht zugesagt, die ganze Art hat mir nicht gefallen.

Es ist eine Vorbestimmung. Findest du den Mann, der zu dir paßt, dann ist es gut – ansonsten ist ja das Leben eben eine lange Sucherei, Leiden, denn das ganze Glücklichsein oder Leiden liegt eben daran, daß zwei Menschen sich verstehen oder nicht verstehen.

Valentin: Du magst ja gar keine Schokolade.

Erika: Bei dir mach ich's gern, mein Schatz, mit und ohne Schokolade.

Doris: Glauben Sie, daß man was dazu tun kann, damit man sie oder ihn findet?

Erika: Na... wir haben beide nicht gesucht.

Ich lauf niemandem
mehr nach

Stefan
Reisebüroangestellter

Doris: Wir haben uns ja eigentlich kennengelernt über die Agentur für Dicke. Erzählen Sie doch mal, warum Sie sich da beworben haben.

Stefan: Ja, ich such eigentlich schon lang eine Partnerin und finde aufgrund meines Gewichtes und meines Aussehens leider nicht die – leider keine Partnerin. Da hab ich mich dann bei der Agentur gemeldet.

Ich bin aufgenommen worden, und jetzt versucht halt die Frau ... für mich eine Partnerin zu finden.

Doris: Und hat sich da schon was ergeben?

Stefan: Ich hab zwar – ich bin mit jemand zusammen bestellt worden, aber das Ganze – da ist leider nichts draus geworden.

Wir haben uns getroffen, ja. Die ist auch wohlbeleibt, wenn Sie so wollen, ist genauso wie ich ausgesprochener Wagnerianerfan, wir lieben beide sehr Wagner, jedenfalls hat die Frau ... gemeint, daß wir eben dadurch zusammenpassen. Aber irgendwie hat das nicht funktioniert. Wir haben beide eigentlich festgestellt, bzw. die Dame hat festgestellt, daß ich für sie doch etwas – obwohl ich ihr sehr sympathisch bin –, doch irgendwie zu wohlbeleibt bin. Das ist für sie praktisch nicht irgendwie möglich, mit mir eventuell zusammenzuleben.

Doris: Haben Sie schon mal eine Partnerin gehabt?

Stefan: Ich hatte mal eine Partnerin, und die hat mich nach kurzer Episode – wenn man es so ausdrücken möchte –, hat mich praktisch sitzenlassen.

Also – ich hab das so ein bißchen abgeschlossen. Das Ganze war, wie sich ja hernach rausgestellt hat, nur eine große Lüge. Ich hab ihr so und soviel Geld gegeben, das bißchen, was ich gehabt hab, und sie hat alle möglichen Versprechungen gemacht, von Wohnung und so weiter – und das Ganze war auch wieder fort.

Dann hat sie einfach gesagt, sie hätte einen Anruf bekommen, angeblich aus Berlin, und ist dann plötzlich mir nichts dir nichts verschwunden gewesen.

Doris: War die Dame auch wohlbeleibt, wie Sie sagen?

Stefan: Nein, die war völlig schlank.

Doris: Und war das auch eine sexuelle Beziehung?

Stefan: Ja, war auch.

Doris: War das eine große Enttäuschung für Sie in puncto Liebe?

Stefan: Also nachdem sie weg war, war ich für die nächste Zeit sowieso nicht ansprechbar. Hab ich mich nicht aus dem Haus getraut, weil ich immer gedacht hab, sie ruft an oder ähnliches. Wir haben ja eigentlich auch vorgehabt zu heiraten. Das war irgendwie – also von mir aus gesehen – Liebe auf den ersten Blick. Das war für mich ein Gefühl – war ich praktisch im siebten Himmel drin. Bin danach aber sehr schnell wieder runtergefallen. Ich war nicht mehr ansprechbar. Ich war überhaupt nicht zu normalen Gefühlen mehr fähig. Ich hab sogar das Telefon neben mich ans Nachtkastl hingestellt, damit, wenn irgendwas ist, ich sofort am Telefon bin. Ich hab mich nicht aus der Wohnung getraut – ich war einfach fertig. Meine Mutter hat mir viel geholfen. Und wie ich dann so depressiv war, hat sie mir dann das, unser Hausviecherl mitgebracht, das Meerschweinchen.

Doris: Was bedeutet denn für Sie überhaupt Liebe?

Stefan: Mit jemand zusammensein – ich mein jetzt einfach so –, mit jemand einfach zusammensein, nicht immer allein, irgendwie was allein unternehmen, sondern auch mal zusammen irgendwie weggehen, vielleicht gemeinsame Hobbys usw., oder was anschauen oder zu besuchen oder je nachdem, was man halt so möchte, mei – ich muß sagen, ich weiß nicht genau, wie ich das am besten ausdrücken sollte.

Doris: Was bedeutet z. B. Ihre Beziehung zu Ihrer Mutter für Sie?

Stefan: Ja gut, ich leb die ganze Zeit mit ihr, ich bin's gar nicht anders gewöhnt. Seit ich mich eigentlich erinnern kann, lebe ich praktisch mit meiner Mutter zusammen. Außer mal für kurze Zeit, außer mal zwei Jahre im Internat, aber sonst bin ich eigentlich nur mit meiner Mutter zusammen gewesen... Sagen wir mal so: ich hab immer den Wunsch, ich finde eine Dame, die schlank ist und die mich trotzdem so nimmt, wie ich bin.

Doris: Haben Sie das Gefühl, daß das Äußere sehr stark betont wird heutzutage?

Stefan: Ja.

Doris: Erzählen Sie mal so über Ihre Erfahrungen.

Stefan: Mei, da brauch ich eigentlich bloß irgendwie ganz allein irgendwo rumgehen, ganz gleich wohin; ich kann da auf die Uhr schauen: mindestens jede Minute schaut mich jemand so und so lange an oder gibt mir eine schöne Antwort oder ähnliches. »Schaut's euch den Fetten da nicht an« oder »schaut's euch die fette Sau da nicht an« und so Scherze. Oder drehen sich einfach bloß um und gaffen.

Doris: Es gibt so Theorien, daß man ißt, wenn man nicht genug Liebe bekommt...

Stefan: Das stimmt. Da muß ich dem zustimmen. Damals, wie ich mit der, mit meiner Freundin zusammen war, habe ich sehr stark abgenommen. Innerhalb von kürzester Zeit sind die Pfunde praktisch so weggelaufen.

Doris: Was ist denn für Sie Glück?

Stefan: Glück. O Gott.

Da weiß ich jetzt nicht, was ich irgendwie sagen sollte, weil ich kriege... weil Glück, das habe ich eigentlich noch nicht irgendwie erlebt mal. Glück – ganz gleich in welcher Beziehung.

Doris: Können Sie sich an keinen Moment erinnern, wo Sie glücklich gewesen sind?

Stefan: Doch. Damals, als ich mit der Dame zusammen war.

Doris: Haben Sie sich damals geschworen, sich nie wieder zu verlieben?

Stefan: Eigentlich nicht. Im Gegenteil. Da hab ich sofort wieder geschaut, daß ich sofort wieder irgendwie eine Beziehung anfangen kann. Ich hab alles mögliche versucht; hab Anzeigen aufgegeben oder hab selber hingeschrieben; hab aber nie eigentlich eine Antwort bekommen.

Nein, ich kann nichts machen, ich bin nun mal so, und wenn sie mich nicht so haben wollen, dann sollen sie's bleiben lassen. Ich lauf niemand mehr nach. Ich hab mir halt einmal geschworen, daß ich niemand nachlauf, ganz gleich, wer das ist. Ich lauf niemand nach...

Ich war erst jetzt im Winter mit meiner Mutter in Thailand unten, und dort war's also traumhaft schön! Ich hab, wir haben Ausflüge gemacht teilweise, oder sind bloß einfach faul am Strand gelegen, beziehungsweise Swimmingpool, und ich hab mich einfach dort richtig schön wohlgefühlt. Ah Sie, die Leute sind da unten so freundlich und hilfsbereit, wie ich's noch nie irgendwo festgestellt hab, ganz gleich, wo.

Ich hab da unten zwei Spitznamen gehabt: entweder »bumbui« oder »sexy man«. Bumbui heißt auf deutsch starker Mann, also das ist da unten nicht negativ gesehen, weil da unten, die glauben an Buddha. Und obwohl es eigentlich zwei verschiedene Arten von Buddhas gibt, den thailändischen Buddha, der vollkommen schlank ist, und der chinesische Buddha; der ist praktisch genauso wie ich, praktisch sehr stark beleibt. Die schauen einen da irgendwie ganz anders an, die sind wirklich einem buchstäblich nachgerannt – also von allen Seiten sind sie einem nachgerannt, ganz gleich, wo.

Doris: Die Frauen auch?

Stefan: Die Frauen genauso. Die sind ja teilweise – muß ich sagen – auf mich geflogen irgendwie.

Doris: Und hatten Sie dann eine Freundin?

Stefan: Ja, ich hab mir eine Freundin gesucht gehabt – ich hätte sie ganz gern mitgenommen. Mei, ich hab sie einfach in einer Bar kennengelernt, und dann war ich praktisch drei Wochen jeden Tag mit ihr zusammen. Also die Ausflüge ausgenommen, wenn wir Ausflüge gemacht haben oder so, sonst sind wir den ganzen Tag irgendwie am Swimming-pool, am Strand oder am Abend in die Stadt gegangen. Sie hat bei mir im Zimmer geschlafen.

Doris: Und war das Liebe?

Stefan: Also, es heißt zwar immer, daß die da drüben professionell... – gut, die sind professionell, aber nicht in dieser Beziehung wie bei uns. Aber ich glaube schon, daß wir zwei uns sehr gut verstanden haben, zumal ich von ihr auch einige sehr nette Karten in Thailand drüben bekommen hab. »I love you« und so Scherze, also ich mein zwecks der Gaudi, finde ich, schreibt man ja doch so was nicht. Ich meine, es war schon irgendwie was dabei, daß sie mich sehr sympathisch gefunden hat. Ich hab's damals gemerkt, wie ich da am ersten Abend mit ihr rumgegondelt bin; da sind wir mit ein paar Leuten, die mit mir im Hotel waren, in eine Bar reingegangen. Die Damen haben mich irgendwie so angeschaut und haben sich gleichzeitig auf mich gestürzt; da ist sie richtig buchstäblich eifersüchtig geworden. Also ich mein... ich hab mich schon in sie verliebt.

Ich möcht sofort wieder runterfliegen, wenn's irgendwie eine Möglichkeit gibt, dann möchte ich gerne wieder runterfliegen für drei Wochen.

Doris: Warum fahren Sie dann nach Kenia jetzt und nicht nach Thailand?

Stefan: Mei, einfach weil mich das genauso interessiert. Aber ich kann meine Mutter jetzt nicht noch mal gleich überreden, jetzt noch mal nach Thailand hinzufliegen, obwohl ich sofort wieder runtergeflogen wäre für 14 Tage... Na gut, ich meine, man hätte es anders machen können; ich hätte sie ganz gern mitgenommen, aber es hätte auch das Geld gefehlt. Für den Herflug. Man muß denen so ein Jahresticket geben, praktisch ein Hin- und Rückflugticket, und das kostet. Von drüben nach Deutschland ist es doch sehr teuer. Man kann sie zwar so mit den Chartergesellschaften ohne weiteres mitnehmen, also in Thailand, da hab ich öfter solche kennengelernt, die sie auch mitgenommen haben, auf so ein Flugzeug. Mit Kind und Kegel sind's zum Flughafen gekommen. Aber mir hat einfach das Geld dazu gefehlt.

Meine Mutter weiß schon, was los ist, also so ist's jetzt nicht, aber es ist doch irgendwie schwierig – also sie hätte jedenfalls nichts irgendwie dagegengehabt, und sie hätte sich ja denken können, daß man da runterfliegt, nicht bloß um sich die Insel anzuschauen.

Doris: Was erhoffen Sie, daß in Kenia passiert? Hoffen Sie, daß Sie auch da jemand kennenlernen?

Stefan: Ja. Ich geb die Hoffnung nie auf.

Wurscht, ob Mann oder Frau –
ich würd nie heiraten

Effi
Hotelfach, heute Fotomodell
(rechts im Bild)

Eli
Hotelfach, Zimmermädchen
(links im Bild)

Eli: Bei mir hat's nicht so lange gedauert. Sie hat ja auch noch einen Freund gehabt, und ich hab's zwar nicht am Anfang gleich zugegeben, vielleicht nach zwei oder drei Monaten, daß ich wirklich verknallt in sie war. Später hab ich's dann zu ihr gesagt: ich liebe dich usw. Aber du magst ja lieber Jungs, und das muß ich akzeptieren. Ja, und zwei Jahre nachdem wir uns kennengelernt haben, war's dann aus mit ihrem Freund. Ein halbes Jahr ist sie dann bloß rumgehangen, hat sie keine Lust gehabt, weder auf mich noch auf sonst irgend jemand. Dann bin ich vom Urlaub zurückgekommen, ja, und dann hat's eh nicht mehr lange gedauert, bis wir auch wieder einmal im Bett dringelegen sind, und da hab ich mir gedacht, oh, wundert mich, daß sie überhaupt wieder mal will, und dann hat sie mir gesagt, daß sie mich auch liebt.

Effi: Ja, also bei ihr war's sehr einfach im Grunde genommen: sie hat mich kennengelernt und sich verliebt, und bei mir war's total anders. Ich wollte es schon immer ausprobieren mit einer Frau, das hab ich mir eigentlich schon immer gewünscht, das war also das höchste. Aber ich wollte es nur sexuell, hab also gedacht, mal ausprobieren, um zu wissen, wie's ist und einfach so. Naja und bei ihr hab ich dann gemerkt, daß sie sich in mich verliebt hat. Ich hab keine andere Frau gekannt, und das war eigentlich – ehrlich gesagt – der einzige Grund. Ich hab sonst niemanden gewußt und hab mich nicht getraut, das jemanden zu sagen oder das zu probieren, irgendeine blöd anzumachen, also das wollte ich nie. Und bei ihr hab ich gewußt, daß sie auch will, und da war's für mich natürlich einfach. Und obwohl sie überhaupt nicht mein Typ war, hab ich's halt dann ausprobiert. Plötzlich war ich dann furchtbar eifersüchtig, wenn sie mal mit jemand anderem unterwegs war. Sie hat nicht mehr so oft angerufen und war nicht mehr so oft bei mir. So blöd war das, und da hab ich dann gedacht, irgendwie geht sie dir schon ab. Und dann hab ich so richtig Sehnsucht nach ihr gehabt, hab ich gemerkt: ich vermiß die eigentlich, die Frau.

Doris: Hattest du schon immer Beziehungen zu Frauen oder auch zu Männern?

Eli: Schon auch mit Männern zwischendurch. Aber hat mir einfach nicht so getaugt, ich mein, so auch vom Zärtlichsein her. Ich hab mir früher gedacht: Um Gottes willen, ich kann das einfach nicht, wenn jemand neben mir schläft... Ich hab dann mal einen Freund gehabt, der hat mir dann die Ohren vollgeschnarcht, und alles mögliche.

Und als wir dann Streit gehabt haben, und ich hab wieder allein geschlafen, hab ich mir gedacht: Ich brauch einfach das Geräusch. (Lacher.) Und ich brauch einfach einen, der neben mir ist – aber ich glaub, mit einem Mann hätte ich das nie geschafft.

Doris: Und wie hat sich das bei dir herauskristallisiert, daß du doch mehr Frauen magst als Männer?

Eli: Mich haben eigentlich Frauen schon immer mehr interessiert, schon mit elf oder zwölf. Grund dafür könnte auch sein, daß ich einmal für ein Jahr im Internat war, daß es mir bei dem ersten Mann, den ich im Bett gehabt hab, auch nicht so getaugt hat.

Und die Frau ist im Bett wirklich so, wie ich mir das vorgestellt hab.

Doris: Was hat dir denn an den Männern nicht gefallen?

Eli: Die können einfach nicht so zärtlich sein, nicht so schmusen, find ich. Sehr viele sind ja doch auch nur auf sich bedacht, sie wollen halt gleich ran und so.

Doris: Du hast auch mit dem Gedanken gespielt, dein Geschlecht zu wechseln. Wie kam denn diese Idee zustande?

Eli: Ich hab mir gedacht, als Junge kannst du die Mädchen doch besser anmachen als als Frau. Ich hab früher das schon normal gefunden, homosexuell zu sein, aber irgendwie hab ich doch innen drin so eine Abwehr gehabt.

Effi: Aber es war doch praktisch der einzige Grund für dich, lieber ein Mann zu sein, weil du dann eher an die Frauen rankommst.

Eli: Genau.

Doris: Hast du denn geglaubt, daß du Effi eher kriegen kannst als Mann?

Effi: Sie hat einmal zu mir gesagt, das werde ich nie vergessen: wenn ich dich als Frau nicht kriege, dann krieg ich dich als Mann. Ich find das so blöde, weil wenn ich jemanden liebe, dann hat das was mit dem Charakter zu tun und nicht mit dem Geschlecht. Das find ich blöd. Das hab ich ihr auch erklärt. Aber geglaubt hat sie's nicht so ganz. Sie hat immer gesagt: Männer sind dir doch lieber...

Doris: Was bedeutet denn Liebe für euch?

Eli: Zusammensein, was unternehmen, zärtlich sein, auch wenn ich's manchmal vernachlässige (Lacher).

Doris: Was meinst du mit vernachlässigen?

Eli: Das war am Anfang, da hat sie mich noch nicht so gut gekannt. Da sind wir bei mir zuhause gesessen und haben einen Film angeschaut, und auf einmal – nach dem Film – steht sie auf, rennt ins Bad, kommt wieder zurück. Ich schau bloß noch. Sie rennt wieder ins Bad. Ich geh zur Badtür hin: war abgeschlossen. Wähwähwäh!

Spinnt die jetzt? Da hat sie ihre ganzen Sachen gepackt und so. Du, Effi, was ist denn jetzt los? Dann hat sie mir vorgeheult, daß ich sie nicht beachtet hab und nicht einmal gestreichelt. Und nicht angeschaut und gar nichts! Sag ich: Spinnst du jetzt! Der Film hat mich halt interessiert, deswegen bin ich auch nicht ansprechbar.

Effi: Ich bin halt furchtbar schlimm in der Hinsicht. Aber wenn ich jemand liebe, dann häng ich mich halt gern irgendwo hin, dann könnt ich den ganzen Tag mit Bussi-Bussi also so auf Tuchfühlung sein. Und wenn ich vor dem Fernsehen hocke, dann finde ich das logisch, das man sich dann umarmt oder streichelt oder Händchen hält oder irgendwas – aber immer irgendwie zusammen ist. Da bin ich aber sehr extrem, geb ich zu. Logisch, daß das für einen Partner nicht so einfach ist, der da anders veranlagt ist oder da nicht so oft dran denkt.

Doris: Was haben denn die Männer dazu gesagt, mit denen du zusammen warst?

Effi: Bei mir? Die waren alle begeistert! (Lacher.) Da hat noch nie jemand was gesagt. Bei mir war's auch nicht so wie bei ihr, daß die Männer nicht zärtlich gewesen wären. Also mir hat's immer Spaß gemacht. Ich finde, wenn ich zu einem Mann zärtlich bin, ist er automatisch zu mir auch so. Ich hab das immer so erlebt: wie ich zu jemanden bin, ist er auch zu mir.

Eli: Ich war ja auch zärtlich zu dir.

Effi: Ich hab vielleicht Glück gehabt mit den Männern, das kann sein. Aber ich wollte es immer ausprobieren mit Frauen. Ich kann mich in einen Mann genauso verlieben und mit dem ins Bett gehen. Bloß ist es halt nicht so toll dann. Es fehlt irgendwas.

Doris: Du schließt das aber nicht aus für die Zukunft?

Effi: Man weiß es nicht. Ich sage nicht, ich plane dies und das und jenes, aber es kann passieren.

Doris: Macht dich das eifersüchtig?

Eli: Ich denk einfach nicht dran. Das überspiel ich. Wenn's wirklich mal so kommt, daß sie sich in jemanden verliebt, dann kann ich eh nichts machen. Vielleicht hält das ja nicht, also abwarten und Tee trinken, daß sie vielleicht wieder zurückkommt.

Doris: Kam es da schon mal zu einer Krise?

Eli: Das schon, weil sie sich eben in einen verknallt hat.

Effi: In den war ich früher schon so wahnsinnig verliebt. Aber da waren wir noch zu jung. Wir haben uns dann mal wieder getroffen, und dann hab ich halt gemerkt, daß ich noch was empfinde. Das war einmal der Mann, den ich von allen am meisten geliebt hab. Da bin ich ihr dann untreu geworden.

Eli: Natürlich hat mich das wahnsinnig verletzt.

Effi: Das war mir auch klar.

Eli: Aber verlassen wollte sie mich auch nicht, weil sie nicht gewußt hat, wie es mit ihm wird. Sie hat ihn geliebt und mich geliebt. Okay, hab ich gesagt, dann zieh ich halt aus. Wenn du mich nicht mehr siehst und ihn auch nicht so oft, dann wirst du schon wissen, wen du mehr vermißt oder mehr liebst.

Doris: Bist du denn genauso eifersüchtig, obwohl es ein Mann war?

Eli: Das ist wurscht wer, ob Mann oder Frau.

Effi: Wenn ich mit einem Mann zusammen wär, wär's vielleicht einfacher. Der Mann würd vielleicht sagen: naja, mein Gott, wenn du jetzt mal mit einer Freundin da was machst! Ist nicht so schlimm . . .

Eli: . . . »könnt ich doch zuschauen.«

Effi: Na ja, das sagen die meisten Männner. Die finden das toll.

Eli: Du, wir sind fei lesbisch. »Super! Können wir zuschauen?« Dann sagen wir immer: Du bist schon der 528.

(Beide lachen)

Doris: Lebt ihr eure Beziehung nach außen offen?

Eli: Bei einer Frau ist das nicht so schlimm, wenn man sich mal umarmt oder Händchen hält.

Effi: Das machen ja auch viele gute Freundinnen.

Eli: Aber manchmal, wenn's uns taugt, bleiben wir stehen, geben uns Bussis oder schmusen ein bißchen . . .

Effi: Das mach ich immer, wenn wir in einem Kaufhaus oder so was sind. Sie umarmt mich dann, oder wir geben uns die Hand, und die schauen dann immer so. Dann sag ich, komm, wir zeigen ihnen mal was (Lacher). Und dann geh ich hin zu ihr und mach sie halt total an mitten im Geschäft. Das ist mir total egal, ja, das macht mir Spaß, wenn's alle dastehen – häh – und so schauen.

Eli: Sie hat dann immer ein Auge offen, schaut die Leute an und dann »bschwbschwbschw«.

Doris: Habt ihr mal daran gedacht zu heiraten?

(Eli lacht)

Effi: Das kann ich mir nicht vorstellen, nein.

Eli: Wir haben mal so eine Kleine kennengelert, die auch lesbisch ist, die hat uns erzählt, daß man in Dänemark heiraten kann. Zwei Frauen. Ist nicht verboten.

Dann wär man halt in den Kreisen, also wenn man in München in so eine Lesbenkneipe geht, dann wär man verheiratet, und die wüßten, die gehören zusammen, die würden das dann akzeptieren. Aber ich find das einen Schmarrn. Wurscht ob Frau oder Mann – ich würd niemals heiraten. Wir leben gut zusammen, und wenn wir zusammen bleiben wollen, okay, da brauchen wir nicht extra heiraten.

Effi: Ich würd nur heiraten, wenn folgendes passieren würde: eine große Liebe, und zwar müßte die männlich sein. Und nur wenn ich Kinder wollte. Dann würd ich den Mann heiraten, von dem ich Kinder will.

Doris: Willst du denn Kinder?

Effi: Ja, schon. Vielleicht auch so ein Problem . . .

Eli: Ich auch. Ich hab schon zur Effi gesagt, da suchen wir uns halt irgendeinen . . . (sie lacht)

Doris: Wie wichtig ist denn Sex in eurer Beziehung?

Eli: Sehr wichtig.

Effi: (lacht) Für mich sehr wichtig. Für sie überhaupt nicht wichtig. Das ist auch ein Problem.

Eli: Ja, weil sie am liebsten jeden Tag zwanzigmal und ich vielleicht einmal im Monat... (sie lacht)

Effi: (lacht auch) Mir macht's halt Spaß! Und ich bin noch einigermaßen jung (lacht), ja schon noch jung, und ich seh das nicht ein, weil es ist halt schön, und das weiß jeder, und jeder macht's, und ich seh's nicht ein, warum ich das nicht machen sollte.

Sie ist halt so ein Typ, ihr gibt das nicht besonders viel, und sie hat nie Lust, und ich bin dann sauer. Ich könnt dann richtig wahnsinnig werden. Ich hab mir abgewöhnt, daß ich ihr das sag, aber ich bin dann halt auch sehr zum Fremdgehen geneigt. So ungefähr: was ich nicht krieg, das hol ich mir woanders, und dann bist du selber schuld. Ich glaub, das ist auch der Grund, warum viele Männer fremdgehen, weil normal ist es so, daß die Männer immer wollen und die Frauen nicht, und der Mann fühlt sich halt vernachlässigt. Und die Frau sagt: äh – bemüh dich mal! und: ich mag schlafen! und: ich mag dies und das und jenes nicht! Und dann lernt der Mann eine kennen, und die erfüllt halt das, was er sich wünscht, und dann passiert es einfach.

Und bei mir ist das im Grunde auch so, aber umgekehrt. Nicht daß ich sexbesessen bin, das bestimmt nicht, aber ich mag halt ganz normal – und sie vielleicht alle zwei Wochen oder so, das ist mir echt...

Eli: Manchmal ist das so, daß ich auch tagelang Lust hab und dann wieder eine Zeitlang überhaupt nicht. Aber ich hab schon zu ihr gesagt: noch einmal fremdgehen, und dann ist es aus. Das ist ja auch seelisch bedingt, das macht mich natürlich fertig. Und bevor ich mich noch einmal fertigmachen lasse, sag ich lieber: Jetzt ist Schluß!

Ich geh erst gar nicht fremd. Es könnt ja sein, daß ich mich verlieb usw., und dann geht's mir genauso wie mit der Effi. Und aus dem Grund geh ich eigentlich nicht mehr fremd.

Effi: Ich bin halt so. Wenn ich jemand gern habe, dann bin ich immer so wie am Anfang. Das ändert sich nicht bei mir, das flacht nicht ab, ich bin dann eigentlich immer gleich lieb und so. Manchmal bin ich so richtig sentimental, so richtig Sülz und Schmalz, wo man sich so richtig hinklebt – aber das hat man ja nicht immer.

Eli: Sie sagt ja, Sex ist nicht so wichtig für mich. Dann aber zärtlich sein und so und so. Mir reicht's echt, wenn sie neben mir hockt. Das Gefühl zu haben, da ist jemand.

Ich mein, ich schmus auch gern und mag das, bloß wann halt? (Lacher.) Aber wenn's dann immer hin und her geht, wenn sie nach München fährt, und ich muß Angst haben, daß sie dann mit ihm da irgendwo im Bett liegt oder so was – das stinkt mir dann schon gewaltig. Aber ich kann nicht nach München fahren und dann die zwei auseinanderprügeln oder sonst was.

Effi: Sie ist eher der Typ, aber da flipp ich ja sofort aus.

Eli: Sie ist zweimal handgreiflich geworden, aber mir macht das ja nichts aus. Sie hat eh nicht so große Schläge, daß ich davon gleich im Krankenhaus liege. Erstensmal hat sie gesagt, wenn ich sie einmal schlagen würde, wär's sowieso aus. Und wenn ich wirklich zuschlagen würde, dann täte sie ja sowieso im Krankenhaus liegen.

Doris: Bist du so ... kräftig?

Effi: Sie? Furchtbar, ja.

Eli: Ja, ich bin mit meinen drei Cousins aufgewachsen und bin's gewöhnt. (Sie lacht.)

Effi: Ich find das widerlich! Wenn man Streit hat und nimmt das Geschirr und schmeißt es gegen die Wand und solche Sachen. Ich hab halt in meiner Kindheit sehr viel erlebt, weil mein Vater Alkoholiker ist, und der hat also immer die ganze Wohnung demoliert. Ich hab mein Leben lang bloß immer Angst gehabt, und wenn irgendwas laut ist, wenn mich jemand anschreit, dann flipp ich aus. Dann werd ich so hysterisch, dann weiß ich nicht mehr, was ich tue. Wenn jemand in meiner Umgebung lauter wird oder meint, sie müßt jetzt mal was nehmen und an die Wand schmeißen – ich würd auf sie losgehen, ich würd sie rausschmeißen mit ihren ganzen Klamotten. Ich würd ausflippen.

Doris: Hast du das Gefühl, daß du sie mehr brauchst als sie dich?

Eli: Ich glaube nicht.

Effi: Das hört sich vielleicht jetzt so an, vom Reden her. Ich reg mich oft über sie auf und schimpf auch über sie, dann könnt ich sie auf den Mond schießen. Aber wenn sie bloß zehn Minuten weg ist, dann schau ich schon auf die Uhr: ja, wo bleibt sie denn? Was macht sie denn? Wann kommt sie denn?

Eli: Zum Beispiel, wenn ich mal schnell zu meiner Mami fahren will, da gibt's einen Abschied, als würde ich für ein paar Wochen alleine in Urlaub fahren.

Effi: Ich häng mich halt immer so hin ...

Doris: Eigentlich seid ihr ein richtig altes Ehepaar, oder?

(Beide lachen laut und lang)

Eli: Ja – schon langsam, oder?

Effi: Altes Ehepaar – im Grunde schon.

Eli: Das ist logisch, daß ich mich an manche Sachen von ihr gewöhn..., daß ich das einfach akzeptieren muß, wenn sie sich nicht ändert. Ich kann ja nicht sagen, du, ich möchte eine Frau von dem und dem Charakter, und nun werd mal so! Das ist ein Schmarrn. Das geht ja nicht.

Doris: Tja, was fällt uns noch ein zur Liebe?

Eli: Nichts mehr –

Effi: Zur Liebe fällt mir ein, daß das Leben nur schön ist, wenn man das erlebt! Ich hab schon immer festgestellt, wenn man alleine ist, dann macht überhaupt nichts Spaß. Man braucht ja doch irgend jemanden, find ich.

Okay, die nehm ich

Petra
*Veterinärmedizinisch-
technische Assistentin
(links im Bild)*

Petra
*Krankenschwester
(rechts im Bild)*

Doris: Wie habt ihr euch kennengelernt?
Petra rechts: Über eine Zeitung. Magazin. Kontakt-
anzeige. Sie hat die Anzeige aufgegeben: »Suche Frau zum
Pferdestehlen und Kofferklauen.« Ich hab daraufhin ge-
schrieben, aber auch recht kurz und nur mit Telefonnummer. Sie hat einige Zuschriften bekommen, hat sich aber
gerade die ausgesucht, wo nur die Nummer stand. Dann
haben wir eigentlich wochenlang nur miteinander telefoniert, dann haben wir ein Treffen ausgemacht – ja, und seit-
dem sind wir eigentlich zusammen.
Petra links: Bis zum nächsten Sehen dann in vierzehn
Tagen ist es dann schon Liebe auf den ersten Blick geworden. Aber zuerst hab ich sie einfach nur gemocht. Es war
Sympathie da und auch dieses Gefühl, die oder keine. Aber
es war nicht gleich von Anfang an Liebe.
Petra rechts: Bei mir war's das Äußere, was mir als aller-
erstes aufgefallen ist: Die Stimme am Telefon hat gepaßt.
Petra links: Bei mir war's so: normalerweise stellt man sich

ja so ganz scheußlich vor, wenn man sich das erste Mal sieht
– He! Hallo! Und vorsichtiges Händegeben –. Aber sie ist
gleich auf mich zugegangen, hat mich gepackt, in den Arm
genommen und hat gesagt: Aaah! Wahnsinn! Und hat sich
so wahnsinnig gefreut – und das war's eigentlich. Und dann
hab ich mich halt auch irgendwie gelöst, und die ganze
Scheu und das ganze Herzklopfen und Bibbern war dann
auf einmal weg. Ich bin eigentlich nicht so spontan normal,
was Liebe betrifft, da bin ich auch mehr ein Spätzünder.
Aber da war's einfach so.

Ja, ich hab das schon öfter gehabt, daß man, wenn man
irgendwohin geht, zwar schon Schulter an Schulter geht,
aber ganz scheu nebeneinander her. Die Petra hat mich
gleich gepackt, ihren Arm um meine Schulter gelegt, und
dann sind wir zusammen zur Trambahn gestiefelt. Ganz
selbstverständlich. Und noch in der Tram hat sie sofort
meine Hand genommen, irgendwie unheimlich selbstverständlich. Und das war das, daß ich gedacht hab, okay, die
nehm ich.

Doris: Wie lang seid ihr denn jetzt zusammen?

Petra links: Nicht ganz ein halbes Jahr. Ein Monat fehlt
noch.

Petra rechts: Ich hatte davor noch nie so eine lange Beziehung. Die haben immer so ein paar Wochen, ein paar Tage
gedauert, oder eben manchmal nur eine Nacht. Ich hab die
Frauen nie wiedergesehen teilweise. Aber die, die ich kennengelernt habe, die kenn ich eigentlich recht gut, wir sind
auch nach wie vor sehr gut befreundet.

Doris: Aber es war immer anders als mit Petra wahrscheinlich, so daß es nie diesen Kick gab…

Petra rechts: Es war schon immer irgendwie Sympathie da und auch ein Mögen oder Liebhaben, aber nie ein richtiges Liebesgefühl. Dieses Gefühl, man möchte jetzt auch fest mit jemand zusammenbleiben, alles teilen, alles gemeinsam planen, das war nie so da.

Petra links: Ich hatte nie so das Gefühl von Geborgenheit. Das hab ich bei ihr. Da war einfach nur so ein In-den-Moment-hinein-Leben. Nie irgendwas für die Zukunft und auch nie der Gedanke daran, daß man vielleicht immer zusammenbleibt.

Petra rechts: Pläne. Früher hab ich nie Pläne gehabt. Jetzt hab ich Pläne wie jeder andere auch: mit ihr zusammen leben, viel reisen, und daß ich mit ihr so lange wie möglich zusammenbleibe.

Doris: Ihr habt ja sogar vor zu heiraten?

Petra rechts: Ich möcht sehr gern.

Petra links: Ja, ich auch.

Petra rechts: Weißt du, verheiratet war ich bis jetzt noch nicht. Das möchte ich auch mal machen. Ich verspreche mir einfach einen schönen Tag davon: möglichst viele Freunde einladen, weil das ja auch wirklich so ein Anlaß ist, wo dann auch alle angereist kommen – obwohl, bei uns weiß man nicht so genau. (Sie lacht.) Nicht irgendwie aus einem Sicherheitsdenken, die gehört jetzt mir, das ist mein Besitz, meine Frau oder so, sondern ganz einfach so dieses Ritual, weil man sich eben liebt, sich die Ringe überzuschieben – ja, ein offizielles Paar zu sein. Das ist dann zwar nicht staatlich oder gesellschaftlich anerkannt, wir genießen auch keine steuerlichen Vorteile, aber wir gehören dann zusammen. Jeder sieht dann: Aha, die sind verheiratet, ein Paar. (Sie lachen herzlich). Ich hab so was noch nie getan, ich möchte das jetzt auch mal tun, so in Weiß oder Pink rumlaufen, mal einen ganzen tollen Tag. Für viele Frauen soll's ja der schönste Tag im Leben sein. (Beide lachen herzlichst). Ich möcht dann halt auch über die Schwelle getragen werden.

Petra links: Was?

Petra rechts: Und so was. Mit allem Bürgerlichen, was dazugehört.

Doris: Wie wichtig ist denn Treue?

Petra links: Sie kann tun und lassen, was sie will – bis zu einem Punkt, und zwar wenn ich darunter anfange zu leiden. Dann zieh ich meine Konsequenzen und wahrscheinlich den Schlußstrich. Ich werde versuchen zwischendurch immer wieder mit ihr zu reden, und wenn ich merke, es tut mir weh und ich leide darunter, dann werde ich eben meine Konsequenzen ziehen.

Doris: Aber erst mal würdet ihr beide Affären zulassen?

Petra links: Ja – schon. Aber...

Petra rechts: Was heißt zulassen? Wenn's so ist, dann passiert's eben. Es ist ja auch nichts Unmenschliches. Es passiert ja vielen.

Petra links: Um Liebe kann man nicht kämpfen. Entweder sie ist da, oder sie ist nicht da.

Petra rechts: Das tät ich auch nie. Weil wenn ich jemanden liebe, und sie will mit mir nichts mehr zu tun haben, oder sie entscheidet sich für einen anderen Menschen, dann muß ich ihr das zugestehen. Weil ich will ja auch, daß sie glücklich ist. In dem Moment kann ich ja nicht bloß an mich denken.

Doris: Wie geht's euch denn, wenn ihr seht, daß diese ganze Gesellschaft nur auf Hetero-Bedürfnisse eingestellt ist?

Petra links: Ja, da packt mich schon manchmal die Wut. Du hast einfach keine Rechte. Wenn's mal um irgendwas geht, und sei's nur um die Überschreibung einer Lebensversicherung zu ihren Gunsten, da rümpft jeder sofort die Nase: Ja, wieso? Da ist ja überhaupt keine Verbindung da. Und wenn ich dann sage, ja, mit dieser Frau lebe ich – ... Oder Rentenansprüche. Wenn wir bis ans Ende unserer Tage zusammenbleiben, warum soll sie dann nicht meinen Rentenanspruch übernehmen? Lohnsteuerkarte, Krankenversicherung. Wir zahlen beide ein Wahnsinnsgeld, sie an Lohnsteuer, ich an Einkommenssteuer.

Petra links: Mich stört's ganz einfach, daß man nicht in Ruhe gelassen wird, daß man immer als Exot betrachtet wird. Es reicht nicht aus, daß ich als Bürger Steuern zahle, daß ich in die Arbeit gehe, daß ich zum Wählen gehe usw. – man mischt sich noch ins Schlafzimmer, und das paßt mir nicht! Wir sind alles liebende Menschen, das ist doch wohl das Wichtigste überhaupt! Aber Politiker, die Gesetze beschließen und bestimmte Dinge, die was mit Liebe zu tun haben, verbieten, das sind doch keine liebenden Menschen. Da frag ich mich echt, wo die leben! Je fortschrittlicher, je technisierter alles wird – also es ist der Wahnsinn, wo wir überall hinfliegen können, rumschwirren im Universum. Aber hier auf unserem kleinen, begrenzten Rahmen, und ein Menschenleben ist schon relativ kurz – da soll man doch bitte dem anderen das Recht lassen, den zu lieben, den er mag.

Doris: Könntest du Liebe beschreiben? Was das ist für dich?

Petra rechts: Früher hab ich immer gedacht, Liebe ist eine

Droge. Mittlerweile nicht mehr. Liebe ist ein ganz starkes Gefühl – manchmal auch am Rande des Schmerzes, wenn ich das nicht bekomme, was ich mir in meinen Gefühlen vorstelle.

Petra links: Ich hab früher gedacht, wenn man jemanden liebt, dann schwebt man immer. Und heute ist Liebe einfach so, daß ich denjenigen, den ich liebe, einfach brauche. Ich brauch seine Anwesenheit, ich brauch seine Stimme, ich brauch seine Streicheleinheiten. Ich brauch ihn einfach. So wie ich jeden Tag meine Tasse Kaffee brauch, brauch ich einfach die Liebe. Das ist ein wahnsinnig schönes Gefühl, es prickelt, es ist toll irgendwie.

Petra rechts: Ich seh keinen Sinn darin, für mich allein zu sein, was alles da ist, nicht zu teilen. Ich habe einen Körper, ich habe Hände, ich hab Sprache, ich hab einen Mund, Augen – ich möchte erfühlen, ertasten – den anderen Menschen. Für mich ist das der Sinn.

Doris: Und was hat Sex mit Liebe zu tun?

Petra links: Sex kann ohne Liebe stattfinden.

Petra rechts: Wenn ich mit jemand zusammen bin, dann möchte ich, daß beides stattfindet. Sex ist für mich körperliche Liebe, aber die kann man stark und intensiv nur empfinden, wenn man jemand auch im Hirn liebt, im Herzen. Dann kann man sich voll hingeben, und der andere auch. Und das bedeutet auch Glück: das Glück zu haben, daß man den Menschen findet, mit dem man sein Leben teilen möchte.

Unsere Hanteln brauchen wir

Jürgen
Metzgermeister

Ellen
Staatsangestellte

Jürgen: Das war im Fitneß-Center beim Smolana. Da hab ich von einem Freund erfahren, daß es mit ihrem Freund halt nicht mehr gestimmt hat. Da hat er mich informiert, aber mei, das hat sich irgendwie zwangsläufig so ergeben.

Ellen: Mein früherer Freund hat dort auch trainiert, und wenn ich dann allein gekommen bin, haben schon alle rumgeplärrt: »Wo hast du denn deinen Freund gelassen? Hast du den jetzt endlich hinausgehauen?« – War halt schon so an der Grenze.

Jürgen: Also zuerst einmal beim Trainieren. Ich hab dann gewußt, wann man sie trainieren sieht, und dann bin ich hingegangen und hab gefragt, ob ich irgendwie was helfen kann. Weil wenn man beim Bodybuilding mit schweren Gewichten trainiert, dann braucht man einen Partner, der einen ein bißchen unterstützt. Und dann ging das schon schön langsam.

Doris: Weißt du noch, was dir als erstes an ihr gefallen hat?

Jürgen: Daß sie auch trainiert und daß sie eine gute Figur hat. Das ist im Studio so, da schaut jeder drauf, wenn eine neue Frau kommt. Dann wird sie gleich von oben bis unten angeschaut, ob es was Gscheites ist, wie man so sagt. – Eine gute Figur ist also, daß man ziemlich wenig Fett da hat und keine Orangenhaut, wie du immer sagst.

Ellen: Naja, Cellulitis halt bei den Frauen, aber das ist kein Problem.

Jürgen: Daß sie halt trainiert ist, allein schon, daß sie was für den Körper tut.

Ellen: Mir ist aufgefallen, daß er nicht so groß ist (Lacher) und daß er eigentlich nie sauer war. Er war immer so ruhig und hat immer so dahintrainiert ganz schön, hat sich durch nichts drausbringen lassen. Das war's eigentlich.

Doris: Eure Beziehung hat ganz eng was mit euerm Hobby zu tun?

Jürgen: Ja unbedingt, schon. Daß ich gut aussehe, ist mir erstens wichtig, und daß sie gut aussieht, ist mir auch wichtig. Weil da habe ich dann auch was davon.

Ellen: Mehr Spaß irgendwie.

Doris: Und was ist Liebe?

Ellen: Auf alle Fälle mal Vertrauen. Für mich heißt das, daß ich gern heimgehe, daß ich gern daheim bin und daß ich die freie Zeit, die ich hab, mit ihm trainieren kann, daß ich mit ihm zusammensein kann.

Jürgen: Wir machen eigentlich fast alles zusammen. Wir gehen zusammen zum Einkaufen, oder putzen, oder abspülen, der ganze Haushalt – wir machen alles zusammen.

Morgens um halb sechs stehen wir auf. Dann mixen wir uns einen Quark: wir nehmen 500 g Quark, einen halben Liter Milch und dann so Pulver rein . . .

Ellen: . . . die Milchbox dann . . .

Jürgen: . . . ja, und dann trinken wir das erst mal. Weil der Körper, der kann auf einmal nur ungefähr 30 g Eiweiß verwerten. Dann trinken wir das um halb sechs erst mal, und dann schaut's so aus, zwischen halb acht und acht esse ich dann zum Frühstück mein Müsli in der Arbeit, und dann um 10 gibt's wieder Quark.

Je nachdem wie wir ausschauen – wenn man in den Spiegel reinschaut, und man schaut gut aus –, können wir vielleicht ein bißchen mehr essen. Oder wenn wir noch zu dick sind oder zuviel Fett haben, müssen wir noch weniger essen.

Doris: Was macht ihr denn, wenn ihr von der Arbeit nach Hause kommt?

Ellen: Aminosäuren schlucken. Zuerst werden die Aminosäuren geschluckt, und dann überlegen wir uns, was wir essen könnten. Dann wird noch ein bißchen gekocht, und dann essen wir eigentlich.

Jürgen: Ja, dann schauen wir vielleicht noch, was zum Abspülen ist und so was, dann schalte ich den Fernseher ein. Also großartig weggehen tut man dann nicht mehr.

Ellen: Das kostet halt so viel. Der Jürgen verdient ganz gut, aber ich halt nicht so. Du hast ja praktisch immer bei deinen Metzgern gewohnt, und Essen hat nichts gekostet. Aber ich hab die Wohnung gehabt und Auto gehabt...

Jürgen: Ja, sicher, ich hab nie Miete gezahlt.

Ellen: Dann hat er mich zuerst immer eingeladen, aber das wollte ich auf Dauer auch nicht; da kommst du dir so verpflichtet vor, und das wollte ich nicht, und dann sind wir halt mehr daheim geblieben.

Jürgen: Und meistens so um zehn rum ist unsere Zeit, wo wir ins Bett gehen.

Doris: Wie wichtig ist denn das Geld überhaupt in einer Beziehung?

Jürgen: Es spielt mit Sicherheit eine große Rolle. Je mehr Geld ich habe, um so mehr kann ich mir leisten, um so eine bessere Wohnung kann ich haben, um so ein schöneres Auto kann ich fahren, um so schöneren Urlaub kann ich machen.

Ellen: Wenn man finanzielle Probleme hat, wird das auf jeden Fall schwieriger für die Beziehung. Beim Geld hört die Freundschaft auf, wie man so schön sagt. Und wenn er jetzt praktisch sein Geld irgendwie raushauen würde, dann täte ich irgendwann mal sagen, jetzt ist es vorbei, entweder jetzt zahlst du mal, oder...

Jürgen: Naja, das täte ich von Haus aus nicht machen, denn da bin ich irgendwie zu geizig dazu, das Geld sinnlos raus-zuhauen.

Doris: Was ist denn so eure Perspektive für die Partner-schaft? Wie stellt ihr euch das vor?

Ellen: Tja, vielleicht nächstes Jahr heiraten.

Jürgen: Wir haben schon öfters darüber geredet, ob wir heiraten. Daß wir heiraten, ist ziemlich sicher, bloß wann –

Ellen: Bloß wann –

Jürgen: ... das wissen wir auch noch nicht.

Ellen: Und wie –

Jürgen: Ja mei.

Doris: Und warum wollt ihr heiraten?

Jürgen: Weil wir uns lieben und weil wir Kinder wollen.

Ellen: Ich möchte sagen, hauptsächlich wegen der Kinder dann. Ich möcht eigentlich ein Kind, und er möchte zwei. Am liebsten wären mir dann gleich Zwillinge.

Jürgen: Kinder, das ist was total Neues halt...

Ellen: Seine Schwägerin hat jetzt ein Kind gekriegt, das

ist halt einfach schön, wenn das daliegt, und wenn du dich drum kümmern kannst, und wenn es dann größer wird –, irgendwie merkt man halt, daß man älter wird. Man geht in die Arbeit und tut und schaut, daß man vielleicht zu was kommt und daß es einem gutgeht. Vielleicht ist das altmodisch, aber für wen machst du das Ganze denn!

Jürgen: Ja, und sie möchte dann in Weiß heiraten, ich nicht unbedingt.

Ellen: So geht's hin und her.

Jürgen: Standesamt – und dann ist der Fall erledigt. Ohne großartigen Aufwand oder so.

Ellen: Meine Mama hat in Weiß geheiratet, und meine Oma hat in Weiß geheiratet, und irgendwie gehört das dazu. Ich war jetzt schon auf einigen Hochzeiten, und ich find das halt schöner als wie nur standesamtlich. Bei mir ist vielleicht der Fehler, daß ich in einer Klosterschule war. Ich mein, das war nicht mehr so streng, aber immerhin, da hast du halt deinen Religionsunterricht, und die Nonnen rennen rum, und da kriegst du mit, daß die Ehe halt nur in der Kirche gilt. Irgendwie bleibt das dann hängen.

Doris: Gehören Sex und Liebe zusammen?

Jürgen: Es ist beides wichtig, das eine geht nicht ohne das andere.

Ellen: Wenn man den einen im Sex hängen läßt oder so, dann liebt er einen mit der Zeit vielleicht nicht mehr so. Wenn man sich da keine Zeit nimmt oder immer sagt: jetzt nicht, lieber nicht, oder als Frau die berühmten Kopfschmerzen hat, dann geht das mit der Zeit auseinander. Wenn man einen Mann immer abstößt. Und bei einer Frau genauso. Wenn er mich nicht in den Arm nimmt oder nicht

Gute Nacht sagt und mir ein gescheites Busserl gibt, dann bin ich total beleidigt. Und das am nächsten Tag auch noch!

Jürgen: Man muß bei ihr schon genau wissen, was man darf, und wo man ein bißchen vorsichtig sein muß. Sie kann leicht in die Luft gehen.

Doris: Was bringt dich dazu, in die Luft zu gehen?

Ellen: Ich weiß nicht –

Jürgen: Wenn ich z. B. in der Küche was mache und laß das Zeug rumliegen, das kann sie gar nicht gebrauchen. Weil die Küche ziemlich neu ist, erst einmal das.

Ellen: Stimmt gar nicht! Rumliegen lassen kannst du es schon. Nur, er ist Metzger, und er spritzt den ganzen Tag irgendwie umeinander, langt in was rein, und dann steht er daheim da und pritschelt rum und spritzt auch alles voll. Da krieg ich echt eine Wut, denn ich tät da wieder polieren, wo's ihm gar nicht auffällt, weil er meint, daß Wasser keine Flecken macht.

Jürgen: Keine schlimmen auf jeden Fall.

Doris: Ihr beschäftigt euch doch so sehr mit eurem Körper. Denkt ihr dann nicht manchmal auch, daß der dann – so langsam – vor sich hinzerfällt?

Ellen: Also wenn man trainiert, dann bleibt die Haut straff. So stell ich mir das vor. Erst vorgestern haben wir Video geschaut, da macht einer mit beim Wettkampf, der geht jetzt auf die sechzig zu. Der hat eine Haut wie ein Dreißigjähriger oder Vierzigjähriger. Das kann man sich gar nicht vorstellen. Man sieht's auch in der Zeitung von Amerika drüben, da ist eine drin, die ist auch schon über sechzig, und die schaut gut aus, ganz dünn und trainiert, mit leichten Gewichten halt, aber die schaut toll aus.

Jürgen: Wegen dem Alter brauch ich keine Angst zu haben, das ist ein ganz normaler Prozeß, das passiert jedem.

Ellen: Ich stell mir oft vor, wie es ist, wenn er gar keine Haare mehr hat oder wenn er vielleicht einmal graue Haare hat, aber das kann man sich gar nicht vorstellen. Das laß ich halt einfach auf mich zukommen. Er schimpft oft, wenn er irgendwelche Leute sieht, und die krauchen mehr als wie sie gehen, er ist halt Metzger, da kommen manchmal so Bemerkungen, daß ich ihm sagen muß: sei vorsichtig, du weißt nicht, wie du einmal ausschaust, wenn du alt bist, und ich ihn vielleicht pflegen muß.

Jürgen: So was kann man nicht im voraus sagen, wie ich darauf reagiere, so was muß man auf sich zukommen lassen.

Ellen: Ich glaub daran, daß es irgendwie weitergeht nachher (nach dem Tod), oder daß man vielleicht als Hund oder Katze wieder herkommt – das glaubt er ja wieder nicht. Ich freu mich nicht drauf, aber es macht mir nichts aus. Irgendwann ist es halt aus, und entweder es geht weiter, dann merk ich das schon, oder nicht, dann merk ich's halt nicht. Ich stell mir das nicht schlimm vor.

Doris: Was ist denn für euch Glück? Was braucht ihr denn, um glücklich zu sein?

Jürgen: Unsere Hanteln brauchen wir.

Ellen: Schönes Wetter.

Jürgen: Ja, das auch. Ein bißchen ein Geld brauchen wir – und das ist es schon fast. Arg viel mehr brauchen wir nicht.

Ellen: Eine Wohnung vielleicht schon auch noch. Ich möchte nicht auf der Straße sitzen.

Jürgen: Wir wissen ja, daß wir uns lieben, und das ist das wichtigste, daß wir zwei das wissen.

Bis Freising
war ich sprachlos

Sabine
Verwaltungsangestellte

Günter
*Ex-Bäcker, Wehrbereichsbekleidungs-
amtsangestellter*

Doris: Wie haben Sie sich kennengelernt?

Günter: Ich hatte mich von meiner alten vorherigen Freundin getrennt. Unter mysteriösen Umständen ist das passiert. Aber das ist uninteressant. – Und da wollte ich eine Zeitlang nix mehr von Frauen wissen, von Partnerschaft oder näheres Familienleben. Da habe ich mich halt ein gutes halbes Jahr zurückgezogen und still für mich hingelebt: Fernseh geschaut, Arbeit... Sechzehn Kilo abgenommen. Dann hat ein Arbeitskollege gemeint, jetzt geh doch mal wieder fort, das Leben ist so schön – zum Tanzen, du tanzt doch gern und usw. Dann bin ich halt mal ins *Canterville* am Rosenheimer Platz. Da war sie aber noch gar nicht so aktuell. Sie ist schon immer da rumgeschnurrt, aber da habe ich eigentlich noch gar nicht so draufgeschaut.

Sabine: Mir ist er überhaupt nicht aufgefallen. Schon weil er blond ist. Schon von der Haarfarbe her ist er für mich überhaupt nicht in Frage gekommen. An einem Tisch für drei Personen saßen wir uns gegenüber. Ich hab mich mit dem anderen unterhalten. (Zu ihrem Mann) Wie ging's dann weiter?

Günter: Ich hab da zugehorcht, wie sie sich mit dem anderen unterhalten hat, dann haben sie Adressen ausgetauscht, der andere hat sich die Telefonnummer aufgeschrieben, und ich hab sie im Kopf gespeichert.

Sabine: Er hat sich gemerkt, wo ich arbeite, wo ich wohne, die private Telefonnummer – alles. Dann haben wir uns noch einmal getroffen. (Zu ihrem Mann) Das weiß ich gar nicht mehr. Wie war denn das?

Günter: Sie wollte zur Tanzfläche, und da hab ich gesagt: Hör mal, Mädchen, saus nicht immer da nunter, hier in der Nähe hockt auch ein guter Tänzer. Und so haben wir uns dann kennengelernt.

Doris: Und wie wurde dann daraus Liebe?

Sabine: Ja, wir haben dann Adressen ausgetauscht.

Günter: Ja, ja.

Sabine: Und Sonntagnachmittag war's mir so furchtbar langweilig, da hab ich mein Telefonbüchlein durchgeblättert...

Günter: ...nach vier Wochen, bitte! Gell?

Sabine: ...und mir gedacht, wen könntest du anrufen. Gern telefoniert hab ich. Hallmeier, Hallmeier, Günter... naja, ruft'n mal an.

Günter: O weh.

Sabine: Dann haben wir eine dreiviertel Stunde gequatscht.

Günter: Ich wollte eigentlich keine Frau in meine Wohnung da oben reinnehmen, weil mein Prinzip war das: ich hab mir gesagt, die Frau, die wo in die Wohnung da oben geht und die mit mir ins Bett geht, die heirate ich mal wieder.

Doris: Warum war Ihnen das so klar?

Sabine: Das hab ich auch nie verstanden.

Günter: Weil ich will kein Geheimhalten, ich seh eine Frau immer noch als Frau und nicht als Lustobjekt. Ich bin vielleicht mit meiner Meinung hinterm Himmel oder hinterm Wald oder wie man da sagt, aber wenn ich eine Frau hab, dann hab ich sie entweder ganz oder gar nicht, weil sonst brauch ich keine. Dann könnt ich auf die Jagd gehen, wie's einer meiner Kollegen macht. Der braucht alle Samstage was anderes ins Bett, und das ist nicht meine Mentalität. Nur auf Sex oder auf Begierde, daß ich eine Frau besitze, das ist mir noch nie gelegen. Ich möchte eben ein Familienheim haben, wenn mir dereinst einmal die Richtige über den Weg läuft, hab ich mir gesagt. Ich hab ihr gegenüber schon Skepsis gehabt, auch in bezug auf das Alter, und da hab ich eben gedacht, laß das Ding einmal in Ruhe angehen. Außerdem hat sie einen Freund gehabt, einen Jugoslawen oder was, und der war auch nicht gerade die feine Art zu ihr. Also, läßt es mal auf dich zukommen, vielleicht kommt sie doch noch auf mich zu. Ich hab mich da eigentlich gar nicht so bemüht um sie, sie ist von selber gekommen, und dann hat sich das so schön wunderbar eingependelt. Und als sie dann einmal nach der Arbeit angerufen hat, ob sie einmal vorbeikommen könnte, hab ich gesagt ja, sie müßte halt allein kommen.

Sabine: Da hab ich mich also auf gut deutsch gesagt selber eingeladen. Und dann hab ich eigentlich erst gemerkt, wie günstig er doch hier wohnt bezüglich meiner Arbeitsstelle: daß ich von da mit dem Bus von Haus zu Haus fahren kann, und sonst hab ich mit der S-Bahn und zur S-Bahn laufen müssen. Ist eigentlich recht praktisch, hab ich mir gedacht – mich hat die Wohnung fasziniert.

Günter: – heimelig, gemütlich –

Doris: Was für Erfahrungen hatten Sie denn vorher mit Männern?

Sabine: Daß eben die Männer nur so auf Sex orientiert sind und mehr aufs Ausnützen, berechnend. Ich war zur damaligen Zeit noch etwas sehr naiv und hab jedem alles abgekauft.

Günter: Ich möchte immer wieder sagen: Ich halte eine Frau noch für eine Frau – in allen Ehren, und ich mag keine Halbheiten. Ich möchte ein Weiblein haben, die eben in guten wie in bösen Zeiten zu mir steht. Ich halte von dem Wort Treue schon noch ein wenig, also sehr viel. Ich bin nicht der Typ, der sich eine Frau ins Bett oder auf die Matte legt. Der Großteil der Männer ist schon so. Die möchten eine Frau rumkriegen, und dann schieben sie sie wieder ab wie eine nasse Briefmarke, eine abgestempelte.

Sabine: Ja, das ist es, woran's liegt. Da brauch ich bloß ein paar seiner Kollegen anschauen.

Günter: Ich war immer für feste Beziehungen, harmonisches Leben. Das hat eben meine Frühere nicht verstanden, das ich das so haben wollte. Sie hat zwei Arbeitskolleginnen gehabt, die eine hat sich sterilisieren lassen, die andere hat auch irgendwas genommen, daß sie keine Kinder kriegt, und die sind dann natürlich losgezogen. Das ist jetzt natürlich der umgekehrte Fall – die haben die Männer ins Bett gezogen. So wie sie's haben wollten, nicht? Und das hat eben ein bißchen abgefärbt auf meine damalige Freundin Ingrid, und sie wollte plötzlich auch so anfangen: fortgehen, wann sie wollte, heimgehen, wann sie wollte und irgendwie ein freies Leben genießen, aber mich trotzdem als Partner haben und dann nur benutzen, wenn sie mich brauchte. Ich hätt dann den Hausmann spielen dürfen, und da bin ich mir zu schad irgendwie. Ich koche gern, und ich versorge auch das Haus gern, weil wenn man eine Partnerschaft hat, muß man Hand in Hand arbeiten. Man darf als Mann nicht nur die Füße unter den Tisch reinhängen und sich bedienen lassen wie ein Graf Pascha. In unserer heutigen Zeit steht die Frau genauso ihren Mann, und dann soll sie auch die gleichen Rechte haben. Diese Zeiten sind vorbei von 1950 oder 55 oder 45, wo ich auch noch ein bißchen von kenne, daß die Frau untergeordnet ist im Haushalt und nur zu sagen hat, was der Mann sagt. Darum müssen wir uns das abschminken.

Ich meine, wir verstehn uns ganz wunderbar. Wir haben eine gleiche Wellenlänge in Musik, im Essen ... ich meine, vielleicht hätt ich fünf, sechs oder auch zwanzig Jahre warten sollen mit dem Heiraten, aber das Schicksal kann man ja nie voraussagen. »Wenn«, »hätte« und »aber«, das sind drei Lumpen. Ja, dann ist die gute Sabine mal heimgefahren, dann hat sie mal einen Rock gebracht und eine Bluse und ein wenig Auswechselwäsche. Das hat sie dann in meinen Schrank reingehängt. Dann habe ich eine kleine Ecke freigemacht, und dann hat sich das halt so ein bißchen eingebürgert. Dann ist sie mal einen Tag dageblieben, dann mal zwei Tage ... also weißt was? Eigentlich kannst ein bißchen länger dableiben – das ist angenehm. Und so haben wir uns langsam lieben und schätzen gelernt.

Sie hat sich dann so langsam eingenistet. Aus meinen zwei Schränken ist dann bloß noch einer für mich geworden, und dann hat sie schon anderthalb Schränke belegt – Frauen haben ja mehr zum Anziehen, ist ja klar.

Dann sind wir nach Freising gefahren, und dann hab ich

gesagt: Mädel, was willst, nächstes Wochenende wird sich verlobt. Zack.

Sabine: Nein, das war anders. Du hast gesagt, es war kurz vor Eching, das weiß ich noch wie heute, so ganz nebenbei, was hältst'n davon, wenn wir uns verloben? So. Jetzt bin ich dagesessen.

Günter: Dann hat sie erst mal die nächsten zehn Kilometer den Mund gehalten.

Sabine: Bis Freising war ich sprachlos. Ich hab mit dem nicht einmal im entferntesten gerechnet, und nach so kurzer Zeit schon überhaupt nicht.

Doris: Und wie ging's dann weiter?

Sabine: Beide sind wir Familienmenschen, sind nicht gern alleine, ich noch weniger als er.

Günter: Jaja, sehr anhänglich.

Sabine: (Sie lacht) Und ich hab das halt genossen, daß er kochen kann und was vom Haushalt versteht usw. Da kann er sogar mir noch was vormachen. Also hab ich diese Zeit schon genossen, auch die Verlobungszeit, ich war irgendwie ein bißchen ausgeglichener als vorher.

Doris: Was ist denn Liebe?

Günter: Daß man gegenseitiges Vertrauen hat, daß man, wenn der eine Kummer oder Schmerzen hat, sich offen anvertrauen kann, ohne irgendwas hinterm Berg zu halten, also in allen Belangen offen zu sein gegenüber dem Partner. Das können heutzutage viele Ehepaare nicht mehr. Ich möchte sagen, daß in Deutschland bestimmt 50% Ehepaare leben, die nur noch auf dem Papier bestehen. Und die anderen 50 leben halt so dahin, weil's so ist, und jeder geht seinen eigenen Weg. Da kann ich Ihnen viele Beispiele nen-

nen. Ich hab versucht, andere Ehen zu kitten, meine eigene
Ehe ist kaputtgegangen, die erste.

Doris: Woran ist die kaputtgegangen?

Günter: An der Trunksucht meiner Frau. Aus unerklärlichen Gründen hat die das Trinken angefangen. Das weiß
bis heute keiner, warum. Jeder war schuld, nur sie selber
nicht. Ich hätte zu ihr gestanden, durch den tiefsten Dreck
wäre ich mit ihr gegangen, ich hätte gesagt, geh zwei Jahre
auf Kur. Ich mein, ich bin ja vital, ich hätte meine Kinder
schon versorgt usw. Dann hab ich gesagt, nein, das pack ich
nicht mehr. Ich kann nicht zwölf Stunden in der Backstube
stehen, vierzehn Leute anleiten, einen klaren Kopf haben
und die Kinder versorgen. Ich hätt mich von meiner Frau
vielleicht nicht scheiden lassen, wenn sie auf Entziehungs-
kur gegangen wär. Ich hab ja versucht, meine Ehe zu retten
mit allem Drum und Dran, aber irgendwann bricht dir das
das Genick. Ich hab's vielleicht ein wenig besser verkraftet
damals, weil ich jünger war. – Und dann die Enttäuschun-
gen mit drei Freundinnen usw.! Die eine hat mein Auto genommen, ist zum Freund vorgefahren, hat mit dem im
Auto gebumst – da war's nach acht Wochen Feierabend,
hab ich ein wenig schneller geschaltet. Die andere hat bloß
auf mein Geld geschaut, da hab ich 10 000 Mark verloren.
Und die dritte, die hat sich sogar scheiden lassen wegen mir,
und dann auf einmal hat's das Spinnen angefangen, war sie
nicht mehr zufrieden, weil ich soviel arbeiten muß. Ich hätt
so wenig Zeit für sie, dabei hab ich ihr alles vorher klipp und
klar gesagt: daß ich auf's Geschäft und Unterhalt zahlen
muß für die Kinder. Und auf einmal hätte sie da Highlife
spielen mögen, kommen und gehen, wann sie will, und ich

hätt überhaupt nichts gehabt. So wär das gelaufen. Ich hätt das Haus versorgt, und die Madame wäre abends gekommen zum Essen, und um acht wär sie dann zum Highlife gegangen. Am Heimstätter See haben sie dann Sexorgien gefeiert. Ich weiß alles. Bloß hat's mich dann selber psychisch belastet, und da hab ich durchgedreht. Da hab ich drei Mann niedergeschlagen und einen Mann niedergestochen. Dann war ich eine Nacht eingesperrt.

Doris: Was ist denn da passiert?

Günter: Ja, die haben mir aufgelauert, sie und ihre Freunde. Die wollten mich irgendwie halb totschlagen oder was, und da ich ja selber nicht gerade schwach beieinander bin, hab ich halt dreie ganz gut niedergemetzelt.

Doris: Drei??

Günter: ... und sie selber ist mir ins Messer gerannt. Ein Zentimeter tiefer, dann wäre sie tot. Dann wäre ich heute nicht da. Dann säße ich heute nicht hier. Na und dann hab ich halt durchgedreht, und dann haben sie mich eine Nacht eingesperrt. Dann habe ich gleich noch mal durchgedreht. Das ist ja klar, verständlich.

Das war ein Fehler von mir. Ich bin sonst ein ruhiger und besonnener Mensch. Aber ich hab halt die Frau auch geliebt! Ich hab mir gesagt: Mensch, das wäre die Richtige gewesen, und hab mir vorgestellt, ein Kind mit ihr zu haben. War ja auch eins unterwegs. Hab ich mich drauf gefreut. Aus unerklärlichen Gründen hat sie einen Abgang gekriegt, wo gar keiner hätte sein dürfen, weil sie ... das hat mich erst hinterher alles stutzig gemacht, aber das will ich jetzt gar nicht erzählen.

Ja, da war ich eine Nacht eingesperrt, vom ersten Weihnachtsfeiertag auf den zweiten Weihnachtsfeiertag, war ja auch nicht gerade das Feine. Mich hat halt die Trennung so sehr geschmerzt, weil wenn ich einen Menschen mag, dann mag ich ihn entweder ganz oder gar nicht.

Ich bin verurteilt worden und ...

Doris: Wegen Körperverletzung, oder?

Günter: Ja, das war schon schwere Körperverletzung. Mit Körperverletzung ist das nicht mehr abgegangen. Und ich möchte nur sagen, daß es nicht nur grausame Männer gibt, es gibt auch sehr grausame Frauen, die einem Mann ganz schön zusetzen können.

Doris: Wie leben Sie denn jetzt so zusammen?

Günter: Meinen gewissen Freiraum muß ich haben, ich will mich nicht noch mal so an die Ketten hängen lassen wie vorher. Sie hat ihren Freiraum und ich ...

Doris: Freiraum für was?

Günter: Ja, so für meine Hobbytäten. Nicht in bezug auf Frauen: ich gehe unter der Woche überhaupt nicht fort, weil ich froh bin, wenn ich daheim bin. Aber sie meint, ich könnt mir ja eine andere anlachen. Sie ist nämlich in gewissen Punkten stärker eifersüchtig als ich.

Sabine: Ja, ich bin halt mißtrauisch.

Günter: Ich mein, daß ich sie besitzen will, ist ja auch klar. Aber ich seh die Eifersucht als eine Sache, die wo vom Charakter des Menschen ausgeht. Entweder hab ich Vertrauen zu einem Menschen oder hab keines.

Sabine: Das ist bei mir schlimm.

Günter: Ich weiß, was sich gehört. Ich trenn beides. Und wenn ich ausbrechen will, dann mach ich's so, hab ich gesagt, daß du's nicht merkst. Das hab ich aber gar nicht nötig, ich hab ja eine junge Frau. Brauch ich keine anderen jungen. Erst mal bin ich zwanzig Jahre älter – und besonnen –, und sie ist schon ein bißchen ein eifersüchtiger Pinsel. Am liebsten tät sie sich auch noch in die Tasche reinhocken, wenn ich zum Doktor gehe. Das hab ich ihr aber abgewöhnt am Anfang. Die Eifersucht ist eine Krankheit, die wo ein Laster des Menschen ist.

Sabine: In der Beziehung muß ich mich schon beherrschen, das geb ich ganz offen zu.

Wenn man halt einige schlechte Erfahrungen gemacht hat, wird man halt mißtrauisch, vielleicht zu mißtrauisch. Daß er recht gutmütig ist, das zeigen ja seine vorausgegangenen Partnerschaften.

Doris: Welche Rolle spielt denn Sex oder Leidenschaft?

Günter: Sagen wir mal, wenn man sich sexuell gut versteht, okay, ist in Ordnung. Aber vom Sexuellen allein kann man sich nicht ernähren. Da muß die Arbeit dazupassen und das Umfeld, die Charaktere der beiden Menschen.

Sabine: Genau.

Günter: Und wenn das nicht paßt, dann ist die ganze Liebe auf einem schlechten Fundament.

Sabine: Weil Leidenschaft allein...

Günter: ...bringt kein Mittagessen her...

Sabine: ...kann keine Grundlage für eine Partnerschaft sein. Weil Leidenschaft ist alles recht und schön, aber alles mit Maß und Ziel...

Günter: ...in gewissen Grenzen. Genau.

Sabine: Man muß es zu zügeln wissen.

Günter: Sexuell ausgeprägt war sie stärker. Sie war am Anfang der mehr fordernde Teil, und ich mußte ihr ganz klar sagen: Du, paß einmal auf, ich bin keine Maschine. Sie ist jung, strotzt ein wenig, ich mein jetzt nicht vor Kraft, sondern halt der Hormonhaushalt ist stärker ausgeprägt, und meiner ist vielleicht schon ein bißchen am Abbauen. Wir leben ja nicht im Freudenhaus, nicht? Ich mag angenehmen Sex haben, und das will nicht ich bestimmen, sondern das müssen wir dann beide miteinander ergänzen. Sex muß so sein wie Fußball: eine schöne Nebensache der Welt.

Doris: Wie stellen Sie sich denn Ihre Zukunft vor?

Sabine: Ich hab schon vor, mit dem Herrn da neben mir länger verheiratet zu bleiben als ein, zwei, drei Jahre.

Treue wächst im Laufe der Jahre. Mir geht der Alltagstrott nicht auf die Nerven.

Günter: Die Kunst des alltäglichen Ehelebens beherrscht nicht ein jeder. Man muß sich gegenseitig respektieren, ohne den anderen unterdrücken zu wollen. Man muß sich gewisse Stunden gönnen, wo man sich hinlegt – nicht vor die Glotze! Da gehen dann die Welten auseinander: der eine schläft dann ein ... Man muß sich auch mal hinsetzen können und über belanglose Sachen reden.

Sabine: Spielen ...

Günter: Oder die Katzen durchs Haus jagen. – Und so halten wir uns immer aufrecht hier.

Eine Frau soll eine Frau bleiben, aus dem alten Stand raus. Da gibt's diese Ehemänner: Montag, Dienstag, Freitag, Mittwoch ins Wirtshaus, zum Dämmerschoppen und zum Abendschoppen und zum Frühschoppen oder zum Sonntagsschoppen. Was hat denn dann die Frau von so einem Mann? Da scheiß ich doch drauf. Ich als Frau möchte das nicht haben, wenn ich eine Frau wäre.

Die Großen
sind genauso verklemmt
und schüchtern

Herr Müller
Angestellter

Andrea
in der Ausbildung

Sabine
Studentin

Andrea: Vielleicht ist das gerade in meinem Alter so, ich bin neunzehn Jahre alt, daß man auf der Suche nach einem Freund ist. Und da sucht man schon einen großen, also normal gewachsenen Jungen. Aber man weiß dann genau, daß es nicht sein kann, nicht gehen kann. Ich trau es mir auch nicht zu, ehrlich gesagt, einfach so hinzugehen und zu sagen: Du, ich find dich nett, ich mag dich und so – das ist unheimlich schwierig, auf den zuzugehen, besonders heutzutage, wo die ja schon alle Freundinnen haben.

Herr Müller: Die Großen wollen auch einen Großen haben. Einssechzig, einssiebzig, einsachtzig, und genauso ist es auch in puncto Partnerschaft. Es ist immer noch der Gedanke drin, der Mann ist der Beschützer, und da sollte er auch ein bißchen größer sein als die Dame, und er soll gut ausschauen, und da kann ich also nicht – nicht bloß ich, sondern auch die anderen Kleinen –, absolut nicht mithalten. Insofern ist es da nahezu ausgeschlossen, eine Partnerschaft mit einer großen Dame einzugehen.

Doris: Glaubt ihr, daß die Leute immer mehr aufs Äußere achten?

Andrea: Das ist wirklich wahr. Das ist besonders in meinem Alter, in der Jugendzeit, daß es nur darum geht: der muß schön sein, und der muß schön gewachsen sein, man möchte ja auch seinen Freund oder Freundin zeigen in der Öffentlichkeit.

Doris: Aber woran liegt das?

Andrea: Vielleicht auch an der Werbung, in der Werbung wird ja auch immer ein schöner Mann oder eine schöne Frau gezeigt. Da sieht man ja nie irgendwie verschiedenartige Personen, es geht ja immer nur aufs Äußerliche. Egal, ob sie Zigarettenwerbung machen oder sonst was.

Herr Müller: Eine Freundin von mir war so groß wie ich, aber das ging dann auseinander. Und als ich dann wieder alleine in die Stammkneipe kam, hat mich ein Bekannter angesprochen: Ja, wo ist denn deine Freundin? »Es ging auseinander«, hab ich gesagt und bin da nicht näher drauf eingegangen. Dann kam prompt die Antwort: »Ja, warum? Ihr habt doch so gut zusammengepaßt.« Dann hab ich darauf gesagt: »Ja sicher, wir waren gleich groß.« Da hat's also geheißen, die sind gleich groß, warum gehen die auseinander. Oder genauso, wenn ich jetzt z. B. mit der Sabine oder mit der Andrea einen Stadtbummel machen würde, dann gelten wir automatisch als Pärchen.

Andrea: Ich will vor allem, daß mich der Partner so akzeptiert, wie ich bin. Jeder will Zärtlichkeiten, das ist klar. Hauptsache, daß er mit mir auch in der Öffentlichkeit rumgeht.

Sabine: Also ich möchte, daß ich mich einerseits auf ihn

verlassen kann, aber andererseits auch meine Persönlichkeit wahren.

Herr Müller: Vor zehn Jahren, da war ich viel mit Leuten unterwegs, mit großen Leuten, und da hatte ich – ich sag jetzt mal – »Narrenfreiheit« gegenüber den Damen. Es ist nicht so, daß ich alles machen durfte, aber ich durfte halt ein bißchen mehr machen als die anderen, und wenn ich jetzt so zurückdenke, weiß ich auch, warum. Es ging also in die Richtung: ach, klein und niedlich – der darf das schon, der macht eh nicht viel. Man kann sich da natürlich in so einer Situation sehr schnell verlieben, und das ist auch des öfteren eingetreten. Und als die Dame es dann gemerkt hat, war sofort komplett Schluß. Schluß insofern, daß nicht nur die Narrenfreiheit gestrichen geworden ist, sondern daß sich die Dame gar nicht mehr mit mir abgegeben hat. Das ist mir sehr oft passiert. Nicht, daß sie gemeint hat, klein und niedlich und deshalb Narrenfreiheit, sondern sie hat sich überhaupt nicht vorstellen können, daß da eine Beziehung daraus entsteht, und deshalb konnte sie das auch viel lockerer sehen, als mit normal großen Männern. Bei kleinen Männern denkt sie sich von vornherein, da entsteht nichts.

Sabine: Die Großen sind auch verklemmt und schüchtern, und deshalb müssen eigentlich immer wir den ersten Schritt machen. Wir nehmen ihnen die Angst, wenn wir auf sie zugehen und sie quasi ganz normal ansprechen. Viele sind völlig überfordert, wenn sie merken, daß klein sein nicht wie ein Kind sein bedeutet, also normaler Sprachschatz. Und wenn wir dann zuerst diesen Schritt machen und dann ganz locker darüber reden, dann fällt auch bei ihnen die Angst weg.

Doris: Befällt dich da nicht manchmal die Wut? Daß du immer den ersten Schritt machen sollst?

Sabine: Nein. Ich bin das von Anfang an gewohnt, ich kenn ja gar keine andere Situation.

Doris: Habt ihr den Traum von der großen Liebe?

Andrea: Ja, ja, schon. Ja. (Lacher)

Herr Müller: Ich hab mich auf der einen Seite zwar schon damit abgefunden, eventuell als Junggeselle ins Rentenalter zu kommen, aber wenn ich die Partnerin finden würde – warum nicht? Ich hab da absolut nichts dagegen. Im Gegenteil, zu zweit durchs Leben zu gehen ist viel schöner, ist viel interessanter als alleine. Ich hab jetzt in der Firma grad die Möglichkeit, etwas höher zu steigen, und die möchte ich auch nutzen, aber wenn ich die Traumfrau finde, dann sag ich nicht nein.

Sabine: Ich möchte immer wahren, daß ich ein lebenswertes Leben lebe, daß ich nie in Abhängigkeit gerate, sei es finanziell, sei es von Personen, daß ich immer das Leben so gestalten kann, daß ich voll dahinterstehe, voll »ja« sagen kann. Mein Traum von Liebe ist, daß ich die Grenze finde, ein Stück auf den anderen zuzugehen, ohne mich aufzugeben. Da bin ich noch am Suchen. Ich bin jetzt an einem Punkt, wo ich immer kämpfen muß. Wenn der Kampf mal zu Ende ist, wenn ich rundrum eine gute Beziehung habe und eigentlich nicht kämpfen muß, dann fehlt mir was.

Man muß nicht mehr dulden, nur weil man kleiner ist. Man muß vielleicht mehr Selbstbewußtsein haben als ein anderer. Ich hab's gemerkt in dem ersten Jahr, wo ich im KVM war: da ist mir das unheimlich schwer gefallen, mit einem Mann, der in meiner Größe war, zusammenzulaufen. Ich hab gedacht: Ihr, die Gesellschaft, wollt ja immer, daß wir Kleinen unter uns sind und ihr Großen da oben unter euch. Und das mach ich einfach nicht mit. Das hat zwar drei Jahre gedauert, aber jetzt sage ich: Ich suche mir einen Partner nicht von der Größe her, sondern vom Charakter – ob der jetzt groß oder klein ist! Ich kann nicht sagen: mit einem kleinen Partner läßt sich's locker durch die Straßen laufen.

Doris: War das eine Liebe, von der du gerade erzählt hast, oder eine Freundschaft?

Sabine: Das war eine Liebe. Und die ist daran zerbrochen, daß ich nicht zu ihm stehen konnte. Entweder bin ich fünf Meter vorausgerannt... – ich konnte es einfach nicht. Ich bin mir irgendwie so ghettoisiert vorgekommen.

Herr Müller: Leichter ist es schon, wenn in einer Beziehung – mit einer großen Person – nur die Beziehung zählt und die Liebe...

Sabine: Aber wenn man dann nur wegsteckt in der Partnerschaft, dann ist man doch auch wieder der Leidtragende. Das will auch der andere nicht. Wenn man merkt, man kann mit dem anderen machen, was man will, muß man Grenzen ziehen. Wenn man sie nicht zeigt, er oder ich, dann ist auch die Partnerschaft verloren.

Andrea: Ich mach mir auch Gedanken, wie ich wäre, wenn ich normal gewachsen wäre. Ich glaub, ich hätte dieselbe Einstellung wie jetzt. Ich möchte nie zuviel wegstecken, sonst bin ich ja nicht mehr ich selbst. Aber vielleicht suchen wir auch deshalb mehr Zärtlichkeit und Wärme und Zuneigung in einer Partnerschaft, weil wir von der Umwelt her nicht so akzeptiert werden.

Sabine: Weiß ich nicht. Vielleicht dauert's bei uns einfach länger, bis wir den Richtigen gefunden haben, weil wir halt weniger Auswahl haben. Aber ich finde das nicht zum Nachteil.

Andrea: Na, ja, ich bin jetzt aber in einem Alter, wo ich mehr brauche als elterliche Zuneigung, und ich kann eben nicht einfach hingehen und mir einen Partner suchen. Wenn ich schön wäre, hätte ich halt eine größere Auswahl. Auf uns gehen die Männer ja nicht einfach so zu. Wir müssen auf sie zugehen.

Sabine: Aber jetzt frag dich mal: wenn du groß wärst, oder ein Fotomodell, könntest du ja auch nicht mit jedem für einen Abend zusammensein oder so. Ich find, das ist gefährlich bei uns: zu sagen, nur weil wir kleiner sind, geht das halt nicht. Wenn du größer wärst, dann müßte ja auch dein Charakter total anders sein, um das zu können. Aber deine Erziehung und deine Persönlichkeit wären doch genauso wie jetzt. Du wärst doch der gleiche Mensch.

Ich brauch jemanden, der meine
Liebe nimmt

Oskar
Ex-Studienrat, jetzt Sanyasin

Lolith
Ex-Krankenschwester,
jetzt Sanyasin

Doris: Wie habt ihr euch denn kennengelernt?

Oskar: Beim ersten Mal war ich enttäuscht von ihr, da wollte ich sie fragen: willst du meine Freundin sein? Und sie...

Ich hatte gerade meine Scheidung hinter mir und war ziemlich verletzbar Frauen gegenüber. Ich, ich mochte sie sehr und hab das Gefühl gehabt, das könnte meine Freundin sein. Und wir waren so zusammen. Ich kann mich auch noch erinnern, da wollte ich ihr Schuhe schenken, total schöne Schuhe. »Die«, hab ich gesagt, »die möcht ich dir schenken, wollen wir nicht morgen? Wir holen sie abends auf dem Kudamm in Berlin.« Dann hat sie gesagt: »Das will ich nicht.« Und – dieses Nein von ihr, das hat mich irgendwie vor den Kopf gestoßen. Eine meiner leichtesten Übungen ist beleidigt sein. (Er lacht.) Und da war ich beleidigt. Aber die Beziehung zwischen uns war trotzdem da.

Beim zweiten Mal war die Situation ganz anders: Wir haben uns in einer Meditationsgruppe hier wiedergetroffen. Das war eine dreiwöchige Meditationsgruppe: eine Woche lang jeden Tag drei Stunden lachen, eine Woche lang jeden Tag drei Stunden weinen und die dritte Woche jeden Tag drei Stunden in Stille meditativ sitzen. Und da sind wir uns bei der ersten Phase, so beim Lachen, begegnet.

Lolith: Ich bin zu ihm hingegangen.

Oskar: Es war so eine Spannung da…

Lolith: Für mich war es wichtig, diese Mauer zu ihm zu überspringen.

Doris: Ist das jetzt die große Liebe?

Lolith: Ich weiß nicht genau, was Liebe ist. Ich kann nicht sagen, ob es die große Liebe ist; es ist schon sehr intensiv für mich – also ich hab das mit keinem anderen Mann bis jetzt erlebt, was ich mit ihm erlebe. Ich leb mit ihm in einem Zimmer, ja. Und plötzlich stell ich fest, daß man nicht ständig in einer Verliebtsein-Situation sein kann. Er dreht sich da lang, ich dreh mich da lang, und dann weiß ich plötzlich gar nicht mehr: ah – wer ist denn das überhaupt, ja? Was hab ich denn überhaupt mit dem Menschen zu tun? Ist da jetzt Kontakt – oder ist da nicht! Was will ich eigentlich, ja?

Oskar: Ich glaube, daß ich früher sehr viel Energie reingegeben habe in eine Beziehung, damit ich die Sicherheit habe, daß die Beziehung stabil ist. Und mit ihr ist das so, daß ich das Gefühl habe, jetzt ist es da, und wenn es irgendwann mal vorbei ist, dann wird es einfach auch vorbei sein, und das gehört auch zum Leben. Eine andere Geschichte ist noch, daß ich mit ihr ungeheuer intensiv Konflikte aufarbeiten kann. Das ist auch das, was zu dieser Situation geführt hat: wir sind schon so viele Sachen durchgegangen.

Doris: Was war denn eure größte Krise bisher?

Oskar: Das gab es. – Das passiert immer wieder so alle zwei, drei Monate, daß da plötzlich Verletztheit da ist bei mir und bei ihr und daß es sich so anfühlt, als ob wir über diese Mauer, über diese Schranke nicht mehr rübergehen wollen.

Doris: Was bedeutet euch Treue?

Oskar: Also den Begriff gibt's irgendwie nicht für mich. Ich weiß nicht mal, was er bedeutet. Im Prinzip, glaube ich, meint man mit Treue, daß man nicht mit jemand anderem zusammen ist. Und ich glaube, daß eigentlich Treue fast so was wie Besitz ist. Ich kann mir vorstellen, jemand anderem zu begegnen, also mit einer anderen Frau zu schlafen, eine Nacht mit jemand anderem zu verbringen und ihr (Lolith) trotzdem treu zu sein. Wenn ich jetzt treu sein sage, dann meine ich damit, meine innere Verbindung zu ihr weiterhin...

Lolith: – gewahr sein –

Oskar: ...zu spüren. Meine Liebe zu ihr verändert sich nicht dadurch, daß ich mit jemand anderem zusammen bin. Aber das ist theoretisch, weil ich's nicht mache. Ich hab auch gar nicht das Bedürfnis dazu.

Lolith: Naja, von der Theorie ist es bei mir schon so, daß ich eigentlich bereit wär, schnell bereit sein könnte, mit jemand anders ins Bett zu gehen. Also das spielt sich bei mir im Kopf ab. Aber in Wirklichkeit spür ich keine Energie zu einem anderen Mann, ja? Wenn ich Lust habe, mit jemand ins Bett zu gehen, dann ist es meistens wirklich die Lust auf ihn. Und das spür ich einfach. Mein Kopf sagt, eigentlich – na, Mann, du bist doch frei! Du kannst doch mal mit jemand anders ins Bett. Und das ist doch überhaupt nicht schlimm. Mach das doch mal. Da kannst du ja auch mal das kennenlernen. Was ist denn dabei? So. Das spielt sich in meinem

Kopf ab. Aber in Wirklichkeit ist keine Energie für jemand anders da. Die Energie strahlt direkt zu ihm. Also von mir aus. Ja.

Doris: Was bedeutet denn überhaupt Sex für euch?

Lolith: Es ist schon was sehr Wichtiges. Es bedeutet für mich, lebendig zu sein, zu leben. Es ist schon ein wichtiger Punkt in meinem Leben. Zu sehen, wo ich stehe im Sex, wo ich gerade bin.

Doris: Und in eurer Beziehung? Welchen Stellenwert hat es da?

Lolith: Es ist da, dann ist es da, und wenn es nicht da ist, dann ist es nicht da. Also, so simpel seh ich's irgendwie.

Doris: Aber das hat ja mit der Koordination mit dem anderen was zu tun, oder? Es kann ja sein, daß es bei dir nicht da ist und bei dem anderen da ist und andersrum.

Lolith: Ja, es kann sein. (Sie lacht.) Es *kann*.

Oskar: Es kann sein. (Er lacht.)

Lolith: Es könnte...

Oskar: Seit ungefähr drei oder vier Wochen ist das so.

Lolith: Ja.

Oskar: So seit drei bis vier Wochen ist bei mir fast keine sexuelle Energie da, und ich hab das Gefühl, in mir selber läuft so viel ab, was mein Leben anbelangt, ich hab so viele berufliche Sachen für mich zu klären, ich hab das Gefühl, irgendwie – als würde mein ganzes Leben zusammenbrechen, jedenfalls das Gebäude, auf dem ich bislang mein Leben aufgebaut habe. Und das ist ein so intensiver Prozeß, was für mich dabei alles abläuft, daß ich einfach merke – das ist aber jetzt theoretisch –, daß zur Zeit keine Energie über ist.

Und wenn wir miteinander schlafen, spielt für mich immer eine Rolle, mich als Mann zu beweisen. Ganz tief drin ist letzten Endes ein Leistungsdruck da. Ich erlaube mir nicht wirklich so zu sein, wie ich bin, sondern ich hab eine Anspannung, und ich muß was beweisen, ich muß was leisten. Und diese Leistung möcht ich nicht mehr. Ich möcht nicht mehr leben durch eine Anstrengung, sondern ich möchte einfach die Sachen neu erfahren oder geschehen lassen.

Doris: Woran gehen so viele Beziehungen kaputt?

Oskar: Ich kann sagen, warum *meine* Beziehungen schwierig sind: ich glaube, daß ich in einer bestimmten Art und Weise mit einer bestimmten Ideologie erzogen bin, die Ideologie beispielsweise: ich muß dem anderen was Liebes tun und darf nicht egoistisch sein, also die christliche Nächstenliebe: je mehr ich mich aufopfere – ich war katholisch früher –, um so ein besserer Mensch bin ich. Und meistens gibt's dann die Belohnung, im Himmel oder so, halt später. Ich sage heute, daß ich einzig und allein für *mich* verantwortlich bin, daß ich nicht vorgebe, jemand anderen glücklich machen zu wollen, sondern ich bin dafür verantwortlich, daß ich auf dieser Welt glücklich bin. Ich muß mich angucken: Wer bin ich? Und muß versuchen, dieses zu leben. Wenn ich jetzt aber sage: Ich mach dich glücklich, und wenn ich mal irgendwann schlechter Laune bin, dann verlang ich, daß *sie* mich glücklich macht. Dann tut sie das natürlich nicht, weil, wenn ich in einem Konflikt bin und weiß selber nicht, was los ist, wie soll sie mir dann helfen können? Wenn ich also selber nicht mit mir klarkomme.

Die Voraussetzung für Liebe ist, daß ich autonomauthentisch bin. Meine Energie ist, wenn ich in mir ruhe – besonders nach Meditationen. Wenn ich durch Meditation ganz bei mir bin, dann ist es wundervoll zu spüren, wie ich liebe.

Doris: Das heißt, daß du keinen brauchst für dein Glück? Keinen anderen.

Oskar: Das ist theoretisch. Ich brauche beispielsweise jemanden, der meine Liebe nimmt. Weil das was Natürliches ist. Ich möchte gerne mich selbst erleben im Geben. Als reich erleb ich mich ja nur, wenn ich den Reichtum auch austeile, und wenn ich jemanden finde, der meinen spezifischen Reichtum gerne annimmt, das, was ich zu geben habe als was Kostbares mit Dankbarkeit annimmt, dann ist es wunderbar. Aber im Prinzip ist dieses Verhältnis zwischen mir und ihr, was dann an Energie fließt, das ist eigentlich das, was ich Liebe nennen würde.

Doris: Du meinst also, daß andere Beziehungen aus falscher Opferhaltung kaputtgehen?

Oskar: Das ist das eine. Ich glaube, daß die Leute Liebe nicht geschehen lassen aus einer gelösten, natürlichen Haltung in einer Bewußtheit, sondern daß die das tun, damit sie geliebt werden. Die Eltern haben von uns verlangt: Du mußt mich lieben, sonst bist du böse. Also muß er was tun, dann wird er geliebt. Wenn er nicht brav ist, wird er nicht geliebt, das sind so die Bedingungen. Ich glaube, daß viele Ehen scheitern, weil die Bewußtheit über die individuellen Personen, die diese Ehe führen, nicht da ist, sondern nur Ansprüche, und so kommt ein Geflecht zustande, was pervertiert ist. Das hat nichts mehr mit den einzelnen Personen zu tun, mit der Wahrheit.

Doris: Was ist denn Glück für euch? Wie würdet ihr das definieren?

Lolith: Freude. Sich des Lebens freuen. Ja. Für mich ist das, morgens aufzuwachen, zu genießen, den Tag, das Wetter, ja, simple Sachen. Vogelgezwitscher und einfach mich über mich selbst zu erfreuen. Mir geht's gut, ich fühl mich wohl, alles ist fein. Das heißt nicht, daß ich den ganzen Tag lachen muß und immer gut gelaunt, nein, ich muß auch in meine Tiefen gehen.

Aber, was ich gesehen hab ist Gier.

Oskar: Das ist für mich einer der spannendsten Begriffe: die Gier. Ich bin innen hohl, ich bin leer, und ich laufe durch die Gegend mit dem Kopf voll von Erwartungen: ich warte auf die große Liebe. Die große Liebe ist eines der wesentlichen Gier-Produkte. Ich erwarte, daß das Loch in mir drin mit Geld gefüllt wird, mit Nervenkitzel, übers TV, Filme ... Das ist so eine wilde Welt. Osho sagt: Jeder will geliebt werden. Punkt. Das ist ein falscher Anfang. Punkt. Und ich erlebe nur, daß die Leute versuchen, geliebt zu werden, und meinen, dann werden sie geliebt. Das ist eine Lüge. Das stimmt nicht. *Ich* werde glücklich, wenn ich meinen Reichtum spüre: wenn ich lieben *kann*, dann bin ich glücklich.

Doris: Hast du Angst, ihn zu verlieren? Hast du manchmal das Gefühl, ohne ihn nicht mehr leben zu können?

Lolith: Ohne ihn nicht leben zu können, das ist vielleicht zu weit gesehen (Oskar lacht.) – aber ich hab tierische Angst, ihn zu verlieren. Ganz stark. Meine Angst – krieg ich dann ganz stark mit.

Doris: Und bei dir?

Oskar: Ist es genauso. Wir wollten mal einen Tag ausein-
anderziehen, ja? Es war das absolute Trauma. Wir haben
einen Eiertanz aufgeführt. Wir haben's nicht verstanden.
Das war so was von extrem! Ich weiß nicht, wie das ist,
wenn wir uns trennen. Wenn sie sich von mir trennt oder
wenn ich mich von ihr trenne. Ich hab das Gefühl, das tut
ungeheuer weh.

Ich möchte ganz gern noch eine Sache sagen: Ich hab
mich von meiner Frau getrennt, und dieses Trennen war für
mich der absolute Ausdruck von Versagthaben. Ich hab nur
gemerkt, ich hab etwas, was sicherlich zum Wesentlichsten,
zum Wichtigsten auf der ganzen Welt gehört, nicht ge-
konnt und habe das Gefühl...

Doris: Was war das?

Oskar: Das war zu lieben – und mit jemand, den ich liebe
und wo sehr viel Gefühl da ist, zusammenzubleiben, und
ich hab das Gefühl gehabt, dieser Verlust oder diese Situation hat mich sehr klein gemacht. Ich fühlte mich sehr klein.
Und ich habe immer sehr extrem auch gelebt, was ich leben
wollte, und das war also nicht nur eine einzige Situation.
Und dann habe ich plötzlich mich entschieden, Sanyassin
zu werden und bin nach Oregon, auf das erste Sommerfesti-
val gefahren und habe Osho, der damals Baghwan geheißen
hat, das erste Mal gesehen, und es ist wie ein Regen durch
mich durchgegangen. Und ich habe Liebe gespürt, und zwar
habe ich gespürt, daß ich geliebt werde, und im selben Moment habe ich gespürt, daß ich lieben konnte. Das war sofort
da. Ich liebte mich, ich spürte meinen ganzen Körper so voll
Liebe, ich spürte meine Liebe, und ich hab alle Leute, die ich
liebte, gesehen, und mein Herz war voll, war absolut voll.

Ohne diesen heilenden Neuanfang mit Baghwan säße ich heute nicht hier, mit ihr und könnte die Liebe so genießen.

Lolith: Wenn ich mir nicht jeden Tag sagen könnte, es ist offen, was passiert, würde ich sterben, glaube ich. Das ist was ganz Wichtiges, anscheinend Spezifisches für mich, daß ich irgendwie immer die Möglichkeit haben muß, wegzugehen, um zu sehen, was hab ich eigentlich für eine Beziehung zu ihm. Und ich spür jedes Mal, daß ich eigentlich ihn wirklich gern hab. Das ist keine Frage, daß eigentlich nur viele Sachen dazwischen stehen oder mein Unmut, alleine zu leben oder so, oder – also selbständig zu sein. Was auch immer: lauter Kram.

Oskar: Ich würde sagen, ich bin noch nie jemand begegnet, wo die Zartheit zu lieben und die Zartheit der Freiheit, wo das so miteinander verbunden ist, wie bei Lolith. Sie kommt mir vor wie so ein ganz zarter Vogel, der wirklich die Freiheit als Basis braucht, um sich zu beziehen. Wenn die Freiheit nicht da ist, merke ich sofort, gehen bei ihr alle Stacheln raus. Das ist für sie absolut wichtig.

Lolith: Ja, lern ich gerade für mich selbst.

Oskar: Das ist was total Delikates bei ihr. Das lieb ich auch total.

Wenn das so
selbstverständlich wird,
dann werd ich sauer

Heinz
Modedesigner und Ladenbesitzer
(links im Bild)

Wolfi
Modedesigner und Ladenbesitzer
(rechts im Bild)

Doris: Wie habt ihr euch denn kennengelernt?
Heinz: Oh –
Wolfi: Das war der totale Zufall. Ich habe damals in einer Diskothek in München gearbeitet. Es war der erste Weihnachtsfeiertag. Er kam dann irgendwann mal rein in das Lokal. Wir haben uns nur kurz unterhalten an dem Abend, erst am Feierabend, und dann saß er da und sagte: »Ich komm noch mit.« Ich hab damals noch bei meinen Eltern gewohnt, also sind wir zu ihm. Und aus der einen Nacht wurden dann quasi sechs Jahre. Ich bin dann auch gar nicht mehr zurück.

Zunächst hab ich mir gedacht, das wird jetzt wieder mal so ein typischer One-night-stand, und das war's dann. Aber dadurch, daß wir uns erst mal stundenlang unterhalten haben, war dann so 'ne Schwingung da, man hat festgestellt, daß man auf der gleichen Wellenlänge liegt.

Und heute – nach sechs Jahren – hab ich einfach so eine Art Freiheitsdrang – vielleicht eine Art Torschlußpanik.
Doris: Torschlußpanik in deinem Alter?

Wolfi: So könnte man es vielleicht beschreiben. Ich bin vom Elternhaus raus und dann gleich wieder in eine Beziehung rein – und nie hab ich die Erfahrung gemacht, auf eigenen Beinen zu stehen. Ich mußte mich immer wieder einordnen und immer wieder Kompromisse eingehen, die im Zusammenleben einfach notwendig sind. Aber für mich selber gab's eigentlich nie die Erfahrung, wirklich total allein zu sein. Aber im Grunde bin ich ein Einzelgänger, der gern die Tür hinter sich zumacht und dann seine Ruhe hat. Wenn ständig jemand da ist, auf den man Rücksicht nehmen muß, mit dem man zusammenlebt und in unserem Fall auch zusammen arbeitet, dann wird das unheimlich schwierig. Wenn ich mich eingeengt fühle, egal ob räumlich oder übertragen, dann krieg ich Platzangst und werd zum Tier, um da rauszukommen. Da zählt dann nur noch das eine: Raus! Da passiert's dann schon, daß ich wütend werde und rausrenn, die Tür hinter mir zunalle und dann zwei Tage verschwunden bin, und kein Mensch weiß, wo ich bin. Da meld ich mich dann auch nicht.

Doris: Und wie kommst du damit zurecht?

Wolfi: Gar nicht.

Heinz: (Lacht) Schlecht. Am Anfang hab ich auch durchgedreht, weil ich das einfach nicht verstanden hab. Inzwischen versuch ich, damit fertigzuwerden. Das ist schwierig, man frißt halt in sich rein, und es arbeitet in einem. Vielleicht ist es auch bei mir die Sorge, weil man einen Menschen gut kennt, ob er jetzt irgendeinen Scheiß macht. Ich bin ruhiger inzwischen, hab das Bedürfnis nach Ruhe, Ausgeglichenheit. Ich mag meinen Job, der toll ist und Spaß macht, der eigentlich die ganze Kraft braucht, und da möchte ich im Privatleben dann einfach Frieden haben und keinen Streß. Heute ist es so, daß ich mir wünsche, am Land zu leben. Ruhe und Tiere um mich rum zu haben, kreativ tätig zu sein – das ist so mein Traum.

Hier (in der Stadt) merke ich, daß ich immer weniger weggehe, weil es so uninteressant geworden ist. Eine tiefere Freundschaft findest du immer seltener. Der Wunsch nach Geborgenheit, eine Familie zu haben, wird immer stärker. Vielleicht bild ich mir aber auch nur ein, daß dann alles anders wäre. Eine echte Familie mit Kindern und allem Drum und Dran.

Doris: Aber das würde ja bedeuten, daß du mit einer Frau zusammenleben müßtest. Könntest du dir das vorstellen?

Heinz: Ja. Heute mehr als früher. Vielleicht einfach aufgrund der Erfahrungen, die man gemacht hat – da ist er ja total anders.

Doris: Was für Erfahrungen?

Heinz: Ich hab mich oft mit diesem ganzen Schwulsein beschäftigt. Vielleicht kommt es daher, daß ich eben kein Zuhause und nie Familie hatte. Ich könnte mir vorstellen, daß es sehr schön wäre, die Frau zu finden. Und durch unsere Freundschaft jetzt – je mehr Ärger und Zoff es gibt, um so mehr ist da dieses Bedürfnis, Mensch, du mußt jetzt irgendwann an den Punkt kommen, wo Ruhe ist. Und in dieser ganzen Schwulenszene – das soll jetzt nicht negativ sein – ist das einfach zu oberflächlich. Bettgeschichten. Sex ist Nummer eins und dann noch 'ne Woche! Wie viele gibt es denn, die lange zusammenleben? Ich glaub, gar nicht so viele.

Sollten wir uns trennen, beruflich werden wir auf jeden Fall zusammenbleiben, auch wenn da Machtkämpfe sind.

Gerade in unserem Job. Da werden wir eine Linie finden. Aber privat...?

Wolfi: Wenn ich mich mal ganz spontan verhalte, z. B. ich treff jemand in der Stadt, und wir gehen dann schnell zum Essen oder ins Kino, oder man macht was zusammen – dann rattert im Kopf schon wieder das schlechte Gewissen los: Um Gotteswillen! Da wartet jemand auf dich! Die Fragen von ihm sofort: »Wo warst du? Mit wem? Warum?« Das schlechte Gewissen, weil man ja was getan haben könnte, was unanständig ist oder sich nicht gehört, oder man hat jemand übergangen. – Und das möcht ich nicht mehr.

Heinz: Auf der einen Seite verurteilt er das und sagt, er möchte dem nicht mehr ausgeliefert sein, daß einer wartet, aber dasselbe praktiziert er auch. Ich kann ihm das deswegen nicht so ganz glauben...

Wolfi: Das ist auch mit der Grund, warum ich schon mal die räumliche Enge und das Zusammenleben aufheben will. Ich glaub, dann werden andere Dinge einfach viel wichtiger, wenn man sich so trennt. Dann kriegt die Beziehung einen anderen Stellenwert.

Heinz: Von mir aus ist es diese Angst vor dem Alleinsein. Auch wenn man meint, man kann das, gibt es dann sicherlich Momente, wo die ganze Welt zusammenbricht. In solchen Situationen spielt die Angst eine Rolle, betrogen zu werden. Du stellst dir dann die Frage: ja, bist du jetzt irgendwo nicht mehr gut genug für den – oder? Das sind so Punkte, die einfach auftauchen – wie Eifersucht.

Doris: Wer hat da wen betrogen?

Heinz: Ich.

Wolfi: Ja ich auch, aber später dann. Aber nicht als Rache.

Doris: Ging es da um One-night-stands oder auch ums Verliebtsein?

Wolfi: Sowohl als auch. Also meistens sind es One-night-stands. Aber gerade im letzten Jahr hatt ich zweimal eine Phase, wo ich furchtbar verliebt war, wie ein Teenager mit Schmetterlingen im Bauch. Da sitzt man dann tagelang da und heult und ist fix und fertig, bis man dann realisiert hat, daß es ein Zwischenspiel war. Man hat sich das alles nur eingebildet. Aber irgendwie ist es schön zu merken, daß es dieses Gefühl noch gibt, denn so im Alltag ...

Heinz: Ich hab das auch gehabt, nur hab ich mir eben den Kopf zerbrochen, warum. Man lebt so aneinander vorbei, zu Hause kein nettes Wort – es gibt halt Phasen, wo du wahnsinnig kraftlos bist, wo dir dann einfach ein nettes Wort oder ein In-die-Arme-Nehmen Kraft geben könnte. Das hat mir gefehlt. Ich hab ihm auch gesagt, daß ich das brauche, aber das Verrückte ist, daß er mir das nicht glaubt.

Wolfi: Ich hab Angst, daß er dann sofort zu klammern anfängt. Daß er dann sagt, er möchte ein bißchen was, aber ich eigentlich weiß, er möchte mehr. Und ich weiß, ich kann's im Moment nicht geben. Ich hab einfach Angst davor, daß er sich dann falschen Vorstellungen hingibt und das Ganze dann noch ungleich schwieriger würde, als es ohnehin schon ist.

Heinz: Aber das ist doch eine vorgefertigte Meinung, die nicht stimmt.

Wolfi: Im Prinzip geht's doch immer irgendwo um Machtkämpfe. Es sei denn, man liefert sich wirklich bedingungslos aus, aber das geht auch nur einen gewissen Zeitraum gut, glaube ich.

Manchmal ertappen wir uns ja auch dabei, daß man sagt, ach, eigentlich ist es doch ganz nett so – es kommt nicht mehr so viel Neues, gibt nicht mehr so viel böse Überraschungen, sagen wir mal. Nach sechs Jahren weiß man so ungefähr, was auf einen zukommen kann. Aber das ist dann auch wieder nicht so einfach! Es sind halt doch zwei Menschen, die sich zusammenraufen müssen – das geht dann halt mal leichter und manchmal weniger leicht... Ich bin einfach auch zwiespältig – auch mit Karriere oder so. Ich könnte mir z. B. auch vorstellen, so eine Art Hausfrauendasein zu führen, den ganzen Tag zu Hause sein, den Haushalt versorgen – ich koche wahnsinnig gern –, einfach das alles zu machen. Aber gleichzeitig auch meinen Freiraum zu haben, den ich nützen kann, wenn ich allein bin. Da gehört natürlich auch eine gewisse materielle Sicherheit dazu.

Heinz: Entschuldige, daß ich da so lachen muß! Deine Idealvorstellung ist Haushalt, Halbtags-shopping und Ruhe – also da muß ich immer lachen.

Wolfi: Das wär doch herrlich! Das ist doch der Traum schlechthin: man kann tun und lassen, was man will, den ganzen Tag über unbeobachtet, dann kann man den Partner am Abend auch besser ertragen.

Heinz: Dieses Zusammenraufen ist schon ok, aber irgendwann nervt mich das auch. Du siehst wieder irgendeinen Zoff im Anrollen und weißt schon wieder genau, wie das abläuft. Das Zusammenraufen kostet dich unwahrscheinlich viel Kraft. Da bin ich an einem Punkt, wo ich denke, er muß doch einfach mal sehen, wie ich das denke und will. Jeder Zoff, den du führst, der nimmt dir soviel Energie weg – die könntest du für was ganz anderes benützen.

Doris: Ist das für Schwule besonders schwierig?

Wolfi: Ich glaube nicht. Man ist einfach mit dem Problem konfrontiert, und das sind Probleme, die durch die Beziehung entstehen, und die sind allgemein gültig.

Doris: Was bedeutet denn Sex?

Wolfi: Sex bedeutet ja immer eine Hingabe, etwas sehr Intimes zwischen zwei Leuten. In dem Moment, wo er passiert ist, glaubt man vielleicht vom anderen Dinge zu wissen, die andere Leute nicht kennen – obwohl es so viel eigentlich nicht ist. Aber es ist doch immerhin eine totale Hingabe – sollte es zumindest sein – und wirklich was sehr Intimes, und dieses Bindeglied ist das auslösende Moment dabei.

Heinz: Ich glaub, du hast Phasen, da ist es wichtig für dich. Das ist ein bißchen vom Alter abhängig. Es gibt andere Dinge, die für mich wesentlich wichtiger sind ...

Ich hab die ersten sexuellen Erfahrungen im Heim gehabt. Ich bin mit dreizehn vergewaltigt worden im Heim – sicher bleibt da was hängen, aber das passiert überall. Da ist dann so ein Zwiespalt bei mir aufgetreten: Auf der einen Seite diese Neugierde, auf der anderen Seite diese ganze Brutalität, die da war. Dann bin ich mit der Polizei in Konflikt gekommen, da ist sehr viel hängengeblieben. Mit knapp fünfzehn Jahren war ich im Knast, weil ich schwul bin, hab ich mir gesagt, okay, du bist 'ne schwule Sau. Da hab ich einige Dinge erlebt. Meine Pflegemutter, die voll zu mir gehalten hat, wurde von der restlichen Familie verurteilt. Meine Mutter, die angeblich über mich Dinge erfahren hatte, wollte auch nichts mit mir zu tun haben. Ich hab vier Pflegeeltern gehabt, und diese eine Pflegemutter, mit der ich die längste Zeit zusammen verbracht hab, war viermal geschieden, hatte wieder denselben Mann geheiratet, und da hat's geheißen: jetzt kommt er wieder ins Heim! Dazu kam noch, daß ich bisher wahnsinnig verwöhnt worden bin. Bis dreizehn hab ich alles gehabt, was sich ein Kind so erträumen kann, mir ist es wirklich hinten und vorne reingesteckt worden, und das war sicherlich ein Fehler. Auch in dem Heim hab ich immer irgendwelche Privilegien gehabt. Das ging los, daß ich im Sommer lange Unterhosen tragen mußte und ein dickes Unterhemd, »damit du dich nicht verkühlst!«, und die anderen Kinder, die vielleicht aus nicht so gutem Hause waren, die waren halt ganz normal, die haben ein kurzes Unterhemd und kurze Unterhosen angehabt. Und dann waren die Kämpfe schon da. Da warst du halt immer ein Außenseiter.

Wolfi: Sexuell bin ich im Moment eigentlich vollkommen inaktiv. Geht mir auch nicht ab.

Heinz: Aber es ist logisch, daß der andere darunter leidet. Ich leide schon, ja, aber ich verdräng's dann auch wieder. Vielleicht ist es ein Problem, weil ich Sex immer als was Negatives erfahren hab und ich früher das Gefühl hatte, sexuell ausgenutzt zu werden. Wie gesagt: Da sind sicherlich Sachen hängengeblieben. Wenn ich weiß, er hat im Moment nicht das Bedürfnis, oder er braucht das nicht, gibt es doch so Punkte, wo er merken müßte, daß ich es aber brauch. Und wenn du dann siehst, da kommt überhaupt keine Reaktion, dann schluckst du's halt wieder. Aber das ruft Schwierigkeiten hervor. Es ist so ein Wegstecken, arbeitet in dir, tut dir innerlich weh – und kommt dann in einer anderen Art und Weise wieder zum Vorschein, daß du dich dem Partner gegenüber vielleicht aggressiv verhältst. Das äußert sich dann halt in anderen Dingen, daß du Zoff hervorrufst, z. B.

Wir haben uns früher nie gekloppt. In der letzten Zeit zweimal, da haben wir uns aber geschworen, es wird nie wieder vorkommen. Das war für mich echt ein Schock. Und ich glaub, für ihn auch. Das war schlimm.

Wolfi: Ja, das schlimme ist einfach, wenn man merkt, es kann dazu kommen. Aber ich glaube, es gibt subtilere Arten der Unterdrückung: Boshaftigkeit oder wie auch immer... Es war mal eine ganz interessante Erfahrung zu machen (Heinz lacht). Man glaubt ja selber nie, daß man zu so was fähig ist: Das sind ja immer nur die anderen, die so was tun, diese bösen, und die schaffen's geistig und mental nicht und so, sind ein bisserl minderbemittelt... Aber wenn man dann feststellt, daß es bei einem selber auch möglich ist, daß die Sicherungen durchbrennen...

Heinz: Das erschreckt dann.

Doris: Was waren die entscheidenden Punkte, wo es löcherig geworden ist zwischen euch?

Heinz: Ich glaube, meine Untreue war mit ausschlaggebend, zumindest hat er mir dieses Gefühl vermittelt. Du hast mir diese Schuld zugewiesen.

Wolfi: Gut, es stört einen zwar, aber andererseits will man ja nicht so kleinbürgerlich sein. Man sieht halt darüber weg. Ausschlaggebend deshalb, weil ich glaube, Seitensprünge sind einfach Ausdruck dafür, daß die Beziehung schon angeknackst ist. Und nicht umgekehrt.

Aber das war eigentlich weniger das Problem. Hauptsächlich ging's mir einfach darum: man möchte gern würdevoll behandelt werden, im täglichen Umgang miteinander, wie man miteinander spricht, bei allem, was man tut. Das fängt mit Kleinigkeiten an, z. B. daß man sagt: »Bleib du heut mal zehn Minuten länger im Bett, jetzt geh ich zuerst ins Bad.« Oder daß der erste Satz am Morgen nicht ist: »Hast du schon Kaffee gekocht?« Da raste ich innerlich aus. Wenn das alles ist, was man am Morgen hört ... Das sind so Punkte, die sich über eine lange Zeit so ergeben – und dann denkt man sich, naja, jetzt ist die Beziehung in solchen Bahnen wie bei einem alten Ehepaar. Und das ist das, was ich eigentlich nicht wollte.

Heinz: Aber da hast du selber ein paar Fehler gemacht. Du sagst ja selbst, du liebst es, eine Hausfrau zu sein. Du bist ein Mensch, der bekocht gern.

Wolfi: Aber wenn man dann ausgenützt wird und das dann so selbstverständlich wird, dann werd ich sauer.

Heinz: Er kocht prinzipiell jeden Tag, da kann's noch so spät sein. Das ging ja auch die ersten zwei oder drei Jahre ... der Wolfi hat das alles gemacht. Gut, ich hab mich vielleicht dran gewöhnt. Hab ihm mit der Zeit das nicht gezeigt, daß das auch einen sehr hohen Stellenwert hat. Aber das geht schnell so über in: Der macht das halt schon.

Auf der anderen Seite sag ich, daß ich zu ihm halte, daß ich da bin, daß ich versuche, seine Probleme zu ergründen – das ist halt mein Beweis.

Doris: Das ist doch eine klassische Geschichte.

Wolfi: Ja. Eigentlich muß ich darüber lachen, wenn man darüber spricht, denkt man sich, es ist wirklich so klischeehaft alles. Man könnte meinen, man sitzt in einem schlechten Film (alle lachen). Wenn man das so sieht, diese typische Rollenverteilung – und irgendwann kommt dann bei der Frau der Frust raus, so nach zwanzig Ehejahren, und dann kommt der Punkt, wo sie dann in die Selbsterfahrungsgruppe geht, um sich selbst zu verwirklichen. Also anscheinend läuft das ja immer so ab in Beziehungen. Ich weiß es nicht. Es ist verrückt. Weil man stellt sich ja immer vor, man möchte doch eigentlich alles anders machen als die meisten. Man kriegt ja immer mit: Beziehung ist Scheiße! Es gehen ja sowieso immer mehr schief. Und dann kommt man an den Punkt, wo man erkennt, es ist genauso gelaufen. Man fragt sich dann, kann's überhaupt gehen, was hat man falsch gemacht, man wollte es doch anders tun. Ziemlich ernüchternd, und da fragt man sich dann: Ist Beziehung möglich? Gibt es eine andere Form, Zuneigung auszudrücken, oder muß man zwangsläufig zusammensein? Dann hört man ja auch, daß die Beziehungen die besten sind, wo die Partner nicht den ganzen Tag zusammenleben.

Heinz: Aber es gibt so Situationen...

Wolfi: Ich hab schon dreimal mein Auto vollgepackt mit meinem ganzen Zeug und bin mitten in der Garagenausfahrt gestanden und hab's mir dann doch wieder anders überlegt. Dann sagt man sich, soll man das alles jetzt aufs Spiel setzen? Weil teils ist es doch angenehm. Einerseits möcht ich's, andererseits aber möcht ich's auch nicht aufgeben, denn es gibt mir eine gewisse Sicherheit.

Die sexuelle Revolution ist total
vorbei – aber echt

Franz
Tanzlehrer

Yvonne
Tanzlehrerausbildung

Doris: Wie stellt ihr euch denn eure Zukunft vor?

Yvonne: An erster Stelle möchte ich heiraten, Kinder kriegen, zwei vielleicht oder auch drei. Ich möchte aber auch irgendwann mein eigenes Geschäft haben. Vielleicht wird das nicht ganz einfach zu koordinieren sein, aber ich möchte auf keinen Fall irgendwas von beidem aufgeben müssen. Das kann ich mir nicht vorstellen.

Franz: Also ich bin ein unheimlicher Träumer, schon immer gewesen, und das werde ich vermutlich auch mein Leben lang bleiben. Ich hab mir's auch immer so vorgestellt: Frau. Beruf. Heiraten. Kinder. Und das ist auch so geblieben. Nur wenn ich mir vorstelle, sie würde jetzt ein Kind kriegen, sie noch in der Ausbildung und ich auf meiner Suche nach dem beruflichen Weg – dann wären wir schon ganz gewaltig in der Bredouille. Eine Familiengründung kann ich mir nur vorstellen, wenn ich beruflich genau weiß, wo ich hinwill. Wenn ich ganz fest meinen Lebensweg vor mir habe und sagen kann: Hier bin ich, da bau ich mir das jetzt auf, so und so läuft die Sache dann, und so läuft dann auch die Beziehung. – Also das ist inzwischen schon ein bißchen realistischer geworden alles.

Doris: Wie lebt ihr denn eure Liebe?

Franz: Also ich möchte, wenn ich zur Yvonne komme, mich zu Hause fühlen. Egal wo das ist auf der Welt, das spielt keine Rolle. Ob das jetzt in München ist oder in New York oder was weiß ich wo, ich möchte eben diese Wellenlänge mit ihr haben, die uns sagt: Wir gehören zusammen, und das paßt – und wir können über alles reden. Egal, in welcher Zeit wir leben, es ist immer das wichtigste, eine Beziehung zu haben, die wirklich stimmt, mit Vertrauen und allem Drum und Dran. Vor allem die Zeit, in der wir leben, empfind ich als einen Luxus höchsten Grades für uns: Man wird in diese Welt hineingeboren, wo man alles hat, in diese Zeit, wo man alles bekommen kann. Logisch, man hat immer Wünsche und immer neue Ziele und Ideen, ist vielleicht auch deshalb schneller unzufrieden, weil wir eben in so einen Luxus reingeboren wurden. Aber für mich ist schon klar, wenn ich plane, ein Kind zu haben, dann möcht ich auch wissen, wo's langgeht, was für eine Zukunft dieses Kind hat.

Yvonne: Ich glaube, ich hab da ein sehr gutes Vorbild gehabt: Das waren meine Eltern. Das ist eine sehr harmonische Beziehung. Und so hat es für mich auch einen sehr großen Stellenwert, daß jemand da ist, der immer für mich da ist, nicht nur für Spaß und Weggehen und Ausgehen – sondern auch, wenn's mir schlecht geht. Man spürt praktisch die Liebe zwischen den beiden, wenn man morgens zum Frühstück runterkommt, und die schauen sich so an, dann ist es einfach klar, was da ist.

Doris: Habt ihr manchmal das Bedürfnis nach anderen Kontakten?

Franz: Also ich könnte mir das jetzt nicht vorstellen, mit einer anderen Frau zu schlafen, nur um einen One-night-stand zu haben. Ich hätte kein gutes Gefühl dabei.

Yvonne: Nein, überhaupt nicht.

Doris: Die sexuelle Revolution ist total vorbei.

Franz: Aber echt.

Yvonne: Im Gegenteil, ich hab einen festen Partner, und ich glaube nicht, daß das ein Thema ist. Also für mich nicht.

Doris: Treue?

Yvonne und Franz: Ja.

Doris: Wie wichtig ist denn Sex für eine Beziehung?

Yvonne: Wichtig, aber nicht das wichtigste.

Franz: Ich finde, Sex ergibt sich. Sex sollte keine Pflicht-erfüllung sein. Ich muß ihr sagen können, oh, ich hab jetzt Lust auf dich, und das ergibt sich dann oder nicht. Sie muß sagen können: Ist okay oder: Ich mag jetzt nicht. Dann muß das auch okay sein. Also bei uns ist das so – das ergibt sich einfach plötzlich irgendwo in irgendeiner Situation.

Doris: Was ist Liebe für euch? Was gehört dazu? Oder anders gefragt: hattest du früher mal eine Vorstellung von einem Traummann?

Yvonne: Ja schon. Es hätte jemand sein sollen, der immer liebevoll ist, sensibel, der mir Geborgenheit gibt, der für mich da ist, wenn ich ihn brauche – und der was mit Tanzen zu tun hat.

Franz: Zu den äußeren Merkmalen gehört eine gute Figur und so. Und zu den inneren – sie müßte auch mir Gebor-genheit geben. Ich will mich auch als Mann mal bei ihr hin-setzen können, mich ihr in den Arm schmeißen und heulen können, das ist für mich unheimlich wichtig. Nicht immer nur ein Macho sein, also der Macher, der macht und lenkt und schaltet und waltet, und die Frau ist auch dabei – sondern auch mal umgekehrt. Der wichtigste Punkt ist das Vertrauen. Und sie muß eine Frau sein, die mich in meinen Ideen und Aktivitäten auch auf beruflicher Basis unterstützt, vielleicht auch mal bremst, die auch mal einlenkt und sagt: He, paß mal auf, mach mal ein bißchen weniger da, oder mach mal da mehr Power, oder was ist aus dem Ziel geworden, wo wir erst kürzlich darüber geredet haben; die mir hilft und die mich wirklich unterstützt, so wie ich sie auch unterstützen würde oder möchte.

Yvonne: Diese Vorstellung hab ich auch, aber ich glaube, so ganz ohne Streit und Differenzen kann man das nie so ganz verwirklichen. Ich find's auch viel schöner, wenn man sich mal streitet und hinterher sich wieder in die Arme fallen kann. Schöner als ständig nur schönes Wetter.

Franz: Ja, oder wenn das so dahinplätschert. Wenn ich zehn Jahre eine Beziehung habe, kommt da irgendwann so eine gewisse Routine rein, und dann plätschert's eben so dahin. Man trennt sich vielleicht, findet es super, wieder eine eigene Wohnung für sich allein zu haben, weggehen zu können, wann man will usw. Ich will mit ihr zusammensein, sie gibt mir wahnsinnig viel, einfach weil es sie gibt, weil sie da ist und weil sie für mich da ist. Weil ich mich freue, mit ihr zusammenzusein. Das ist schön.

Yvonne: Wenn ich merken würde, daß es nicht so ist, könnte die Beziehung auch nicht so laufen wie jetzt. Ich bin jemand, der gerne gibt, vielleicht auch selbstlos gibt, aber ich glaube, ich könnte nicht auf Dauer mit jemandem zusammensein, von dem ich merke, daß nichts kommt.

Das gute Bett entsteht nur
durch Kennenlernen

Jürgen
Tenor

Karin
*Ex-Friseuse, Boutique-
besitzerin*

Doris: Wie habt ihr euch denn kennengelernt?
Karin: Im Café. Wir kamen halt da halt so ins Gespräch
und haben uns zwei Stunden lang toll unterhalten. Da war
so ein Feeling, das war unheimlich schön, eine Unterhal-
tung mit unheimlich Esprit. Es war ein Funken da, den kann
man sich gar nicht erklären. Es war irgendwie, als würden
wir uns schon Jahre kennen, überhaupt nichts Fremdes. Ich
war dann nur ein bißchen traurig, als ich dachte, er muß ja
weg und so. Da dachte ich mir: na gut, vielleicht ist das
Schicksal – mit Kind und so –, ich hab ihm ja erzählt, daß ich
in festen Händen bin und ein kleines Baby habe. Er hat erzählt, daß er geschieden ist von seiner Frau und daß er schon
einen erwachsenen Sohn hat. Wir haben uns eigentlich alles
erzählt.
Jürgen: Das ist sechs Jahre her jetzt.
Doris: Was war denn das genau, was ihr da im anderen entdeckt habt? Denn das ist ja schon seltsam, daß es so lange
gehalten hat nach einem kurzen Gespräch im Café.
Karin: Das kann man nicht erklären – ein Funke, ein
unglaubliches Gefühl einfach.

Jürgen: Also von meiner Seite kann ich's genau erklären. Durch dieses ganze Theaterleben hab ich eigentlich immer sehr attraktive Freundinnen gehabt, sprich Ballettänzerinnen, die wunderbare schöne Figuren haben, überwiegend. Ich war das so gewöhnt, mit schönen Frauen zu leben usw. Tja, und wie das halt im Leben so ist, man sucht eigentlich immer was, was noch besser ist. Und wenn das dann so ist, wie in unserem Fall, daß eine Frau eben die Optik erfüllt, man sie dann kennenlernt und merkt, daß sie auch noch eine tolle Ausstrahlung hat!! Auf der anderen Seite sind die Frauen ja selten, die dieses Aussehen haben und zugleich eben die nette Art: und das war für mich das Faszinierende an ihr.

Karin: Die nette Art – die war bei mir auch gleich wichtig. Sofort, stimmt.

Jürgen: Im Normalfall gibt es ja immer den Fall: entweder doof oder schön. In vielen Fällen ist das halt so.

Karin: Und wir haben so viele Gemeinsamkeiten entdeckt in der kurzen Zeit, wo es normalerweise ja gar nicht passieren kann.

Jürgen: Ja, und in dem Fall wäre auch die Schönheit hinfällig.

Karin: In den ganzen sechs Jahren, die ich mit meinem Ex-Mann zusammengelebt habe, konnte ich nicht so reden wie mit ihm. Es war einfach nicht möglich.

Doris: Aber deine Beziehung war gar nicht so schlecht zu der Zeit?

Karin: Mein Gott, in vielen Dingen führen viele Frauen, glaub ich, solche Ehen.

Jürgen: Klappte halt nicht, ganz einfach.

Karin: Der Mann hatte damals ein Restaurant geführt, ich war nur Hausfrau und wollte damals schon eine Boutique oder irgendwas machen, was arbeiten. Aber es gibt Männer, die wollen das einfach nicht. Die blockieren dich ab und sagen: »Du, es genügt doch, wenn du ein Kind hast.« Und dann kommt noch ein Kind und am besten noch ein Kind, und arbeiten, warum arbeiten? Wir haben doch genug Geld. Es war genug Geld da. Er hat nichts akzeptiert. Er hat mich nicht akzeptiert als die Frau, die ich war, und er hat auch nicht erkannt, daß ich eine kreative Frau bin. Daß ich mehr möchte als Hausfrau sein und Babies großziehen. Daß das nicht meine Welt ist. Aber ich glaube, wenn ich Jürgen nicht getroffen hätte und nicht diese Liebe empfunden, wäre ich vielleicht heute noch mit diesem Menschen zusammen.

Doris: Das kann einem leicht passieren.

Karin: Ja, absolut. Weil du einfach eingefahren bist. Du denkst: Naja, was soll's, es ist ja alles da, Kind ist da, Mann ist da, was soll man sich da noch groß anstrengen?

Doris: Was muß man denn tun, damit die Liebe nicht einschläft?

Karin: Sehr viel reden und miteinander sprechen, über alles. Jeder einzelne Partner, ob Mann oder Frau, muß sich irgendwo immer wieder einen Esprit geben, sich selbst aufladen, dann schläft eine Beziehung nicht ein.

Jürgen: Zwei wichtige Komponenten sind: Kreativität...

Karin: ...Phantasie...

Jürgen: ...und seine eigene Freiheit in einer Beziehung zu behalten.

Karin: Man sollte auch nie versuchen, einen Menschen umzuändern oder an ihm zu sägen. Das machen ja viele in einer Partnerschaft: Die lernen sich kennen, und auf einmal fällt dem Mann auf: ich möchte, daß du dich so und so kleidest, ich möchte, daß du das und das machst...

Jürgen: Wir erleben das ja oft in der Boutique.

Karin: Die Frau möchte das im Grunde gar nicht, aber sie tut's ihm zuliebe. Das geht aber nicht gut, weil irgendwann die Verstellerei aufhört, und die Frau sagt: Das bin ich überhaupt nicht! Ich möchte wieder das sein, was ich war und nicht ein umgedrehtes Wesen. – Man soll Menschen so lassen, wie sie sind, wie man ihn kennengelernt hat. Genau so.

Jürgen: Wir mußten auch lernen, uns zu akzeptieren: Wir haben beide viel Temperament, da prallen manchmal Geschosse aufeinander. Wir haben etliches schon erlebt! Ich stand beim Aufzug, und da hat sie mich in die Nase gebissen. Das ist zwar ganz lustig, aber –

Doris: Vor Wut?

Karin: (lacht) Ja, vor Wut.

Jürgen: Vor Wut, weil es ihr nicht gepaßt hat. Da ging so ein südländisches Temperament in ihr durch und der Floh in die Arme. Ich wollte gehen, da hat sie sich in den Aufzug gestellt, mich in die Nase gebissen, und dann bin ich wieder zurückgegangen, weil ich soo eine Knolle hatte.

Karin: Dann konnte er nicht mehr weg. (Sie lacht.)

Jürgen: Ja. Das ist aber nur ein Beispiel.

Karin: Ich finde, so ein richtiger Streit gehört dazu.

Jürgen: Find ich gut. Ja.

Karin: Es ist nicht immer nur heile Welt überall. Das ist eine große Lüge. Das gibt's für mich nicht.

Doris: Du hast vorhin Kreativität erwähnt. Was verstehst du denn darunter?

Karin: Daß eine Frau sich nicht gehenläßt. Manchmal beobachte ich, wenn Pärchen zusammenkommen, ist die Frau unheimlich attraktiv. Und dann im Laufe der Jahre läßt sie sich gehen: sie arbeitet nicht mehr an sich, sie ist nicht mehr so super angezogen, oder sie stylt sich nicht mehr so schön wie am Anfang. Irgendwie läßt alles nach. Ich mein, daß man an sich selbst arbeiten soll, daß der Mann sagen kann: Guck mal, meine Frau sieht heute wieder toll aus.

Jürgen: Es ist ja auch so, daß man in dieser Verliebtheitszeit natürlich nur seine besten Seiten zeigt. Das fängt im Bett an, daß man sich unter Umständen nur so dreht, daß der andere die schwache oder schwächere Seite nicht sieht. Das muß irgendwann mal aufhören, dann muß das im Bett so funktionieren, daß eine Lockerheit entsteht, wo jeder seine Schwächen und Stärken ganz locker und ausgeglichen im Bett verteilen muß. Das Geheimrezept für das Bett ist diese Ausgeglichenheit, dieser Zyklus von Interessantheit, von Gespräch umgesetzt ins Bett. Die reine Erotik, dieses reine Gockeltum am Anfang, hält nur für ganz kurze Zeit. Erotik entsteht eigentlich nur – oder das Bett, das gute Bett, sag ich immer, entsteht nur durch Kennenlernen, durch Ehrlichkeit miteinander und dem richtigen Anfassen dann im richtigen Moment.

Karin: Es gibt ja so viele Lügen! Auch im Bett, gerade in sexuellen Dingen. Ich halt das für blöde. Wenn man mit einem Mann zusammenlebt, intim ist und alles mögliche teilt, sollte man auch im Bett sehr ehrlich sein. Ihm nicht immer nur sagen, ja, wunderschön, und es ist gar nicht so.

Jürgen: Da wird viel vorgemacht. Und dann werden die Partner schlampig, rennen rum mit keinem Slip an, das Ding bis auf den Boden – die töten sich ja! Man muß doch die Spannung erhalten. Der Reizpunkt an einer schönen Figur muß wieder aufkommen. Sonst wird's langweilig.

Karin: Wenn eine Partnerschaft schon so tot ist, daß keiner sich mehr für den anderen interessiert, dann sollte man sich trennen. Ich könnte nicht mit einem Mann leben, der mich überhaupt nicht mehr beachtet. Wo's wurscht ist, ob ich dick oder dünn bin, ob ich ein Make-up draufhabe oder nicht, wo ich wie eine leblose Figur bin, die hier rumtanzt oder rumhopst und eigentlich gar nicht da wäre.

Doris: Was braucht ihr beide zu euerm Glück?

Karin: Ja, uns beide erst mal.

Jürgen: Auch Erfolg und Erfolgsentwicklung, gemeinsam. Erfolg muß gehalten werden, und der macht glücklich. In dem Moment, wo du depressiv bist, hast du keinen Erfolg, wirst depressiv. Man verschließt sich, wird automatisch unglücklich. Aber es ist wichtig, privat und beruflich, zu versuchen, einen Standard zu halten, sich zu entwickeln. Dann hat man mehr Freude im Gesicht, eine viel schönere Ausstrahlung, als wenn man durch Schicksal oder gewisse Umstände nach hinten verfrachtet wird. Ich lebe sehr gerne. Ich hab meine persönliche Lebenskunst. Ich kann mich auf die Dachterrasse raussetzen und mir eine Davidoff nehmen, eine Flasche Rotwein dazu – und rede mit den Sternen. Und das brauch ich sehr oft –

Karin: Du bist ein sehr romantischer Mensch.

Jürgen: Und in dem Moment, wo ich Erfolg hatte oder etwas besonders Schönes erlebt habe, freu ich mich tagelang darüber. Ich sage mir, Mensch, Jürgen, ich bin Gott dankbar, ich hab etwas, was andere nicht haben: eine Stimme. Es gibt Dinge, die andere Menschen besitzen und ich nicht, aber man sollte sich darüber freuen im Leben, daß man etwas hat, womit man Menschen begeistern kann. Und dazu gehört vielleicht eine schöne Stimme.

Karin: Für mich ist Glück auch, daß ich den Jochen habe, meinen Sohn. Und für mich bedeutet es auch, Menschen etwas zu geben, was sie nicht haben: Geschmack. Ich kleide sehr gerne Frauen ein – nicht nur weil ich eine Boutique habe und Klamotten. Ich hab auch keine Angst davor, älter zu werden. Ich werde an mir arbeiten, figurmäßig, im Gesicht – mein Gott, da werde ich mich überall straffen lassen mit 60. Es gibt so viele Dinge, wo man trotz Alter noch toll aussehen kann.

Ein Teil unseres Glücks ist auch, daß wir beide Erfolg haben.

Jürgen: Ja, das macht uns frei.

Karin: Ich möchte mir momentan nicht vorstellen, mit einem anderen Mann zu leben. Für mich ist Jürgen der Mann. Es gibt auch, glaub ich, keinen Menschen mehr, der so verrückt ist, wie er. (Sie lacht.)

Jürgen: Ja. Man kann sich kloppen, streiten, alles machen – aber die Basis muß da sein. Und die Basis ist der Weg...